藤原正範著

少年事件に取り組む

―家裁調査官の現場から―

岩波新書

995

はじめに

私は、現在大学に身を置くが、二〇〇五年三月三十一日までの二十八年間、家庭裁判所調査官(以下、「家裁調査官」と呼んでいく)として、少年や家事のケースに取り組んだ。片時も休まずに働いたというのが正直な感想である。家裁調査官は公務員で、ここ十年ほどは週休二日であったが、ケースは生き物であり、深夜でも休日でも動き出すことがあった。同時にかかえる三十ほどのケースのどれが暴れだすかわからない。体は自宅で休んでいても、頭と心はフル回転中ということは珍しくなかった。

近接した領域を眺めると、私たちより厳しい仕事はいくらでもある。対象者と生活を共にする少年院教官。対象者を長期間にわたって見なければならない保護観察官。私たちのように強い権力を背景にせずに仕事をしている児童福祉司。さらに、家族丸ごと対象者と生活を共にする家族舎制の児童自立支援施設の指導員。対象者と近接したところで生活しているボランティアの保護司。私は、彼らを無条件に尊敬する。

家裁調査官も、非行少年に関わるほかの専門職も、地味な存在である。ケースと格闘する苦しさも、喜びも、あまり多くは外には出さない。反面、近年、少年非行は、衝撃的な事件が起きるたびに大きく報道される。その中には、不正確な情報が含まれていることもある。

現在の少年法は、一九四八年に誕生し、五十二年間、基本部分の改正がなされることがなかった。二〇〇〇年に少年法史上初めての大きな改正があった。二〇〇〇年改正は、少年法の基本理念に変更を加えるものではなかったが、改正案を審議した国会での議論、改正案に関するマスコミ報道には、少年法を基本から問うものがあり、この改正で少年法がどうあるべきかについて決着がついたと考える人は少なかった。そのため、改正法の附則に、施行五年後その状況を見て見直しを検討するという条文が挿入された。

ところが、見直し時期を待たずに二〇〇五年三月、再度少年法改正案が国会に上程された。年齢の低い子どもの殺人事件が続けて二件起こったのをきっかけにしたものであった。しかしこの改正案は、たまたま郵政民営化問題で衆議院解散になったことにより、廃案になった。

二〇〇六年三月で、二〇〇〇年改正法施行から丸五年が経過する。今後、どのように少年法が議論されていくのか私にもわからない。廃案になった二〇〇五年の改正案が再び国会上程されるのか、改正後五年間の状況を踏まえた議論が沸き起こり、その結果抜本的な見直しが検討され始めるのか。今後マスコミを騒がせるような少年の事件が起きれば、それによって大きく事態が動く可能性もある。

私がこれから語ろうとするのは少年司法の世界である。少年司法という言葉を、私は少年法に基づく司法手続きとその執行を含めた意味で使っている。司法と言っても、法の適用、正義の実現という従来の司法とはその性格を大きく異にする。少年司法の理想は手続き全体がヒューマニズムにあふれた科学的実践になることである。

そういう視点で、二〇〇〇年改正後の少年司法の状況を見ると、ヒューマニズムと科学は後退し、剝き出しの司法に近づいたというのか、少なくとも以前より貧しい姿になったと言わざるを得ない。

どういう少年司法を期待して、どういう少年法を定めるかは、主権者に委ねられるべきことであろう。それは、教育や児童福祉のあるべき姿をどう描くかということと深く関係している。ここでの私たち専門家と言われる者の責任は、主権者が少年司法を正しく理解し、よりよい判断ができるよう、最大限の情報提供を行うことだと思う。正確で十分な情報をもとにして、ぜひ多くの人に少年非行とその制度を論じてもらいたい。

私は、少年司法に長く身を置いた実践者として、少年法を多面的に考えてもらえるよう可能な限りの工夫をこらし、この本をしたためた。本の中でたくさんの事例を紹介した。と言っても、そのすべては私の創作である。「都合よく構成された物語か」と言われるとそのとおりであるが、一人ひとりは、私の二十八年間の経験から抽出されたパーツから組み立てたいかにも存在していそうな少年たちであり、少年たちへの家裁調査官の対応も私の経験を下地に想像力を駆使した結果である。

目　次

目　次

第1章　家庭裁判所の現場から——少年法の考え方

少年法は誰のためのものか

　子ども時代に、非行とまったく無縁だったという人がいるだろうか。親に見つかってない、警察に捕まらなかった、裁判所に呼ばれなかった、そういう人は多いだろう。

　だが、胸に手を当てると、顔の赤くなるような記憶がよみがえる。その行為でひどく傷ついた他人もいたはずだ。ほとんどの人は、その恥ずかしい体験を心の奥底に封じ込め、大人になれば、何食わぬ顔で、子どもに道徳や倫理を説く。そのことはけっして非難されることではなく、むしろそれが健全な大人の在りようなのである。

　それにしても、いまどきの大人の厚顔さは少々ひどい。自らの子ども時代を棚に上げて、妙にナイーブな社会を作り上げ、失敗を極度に恐れる若者を増やしてしまった。危ない橋を渡らせない。名前の通った学校へ、名前の通った企業へという志向を強めさせ、これだけ将来が不確実な時代に入って、なお安全と安定の一方向のみに導こうとしている。

　私は、ついこの前まで家裁調査官という仕事をしていた。家庭裁判所は非行を起こした疑いの掛けられた子どもを扱う司法機関である。家裁調査官は、その中にあって、非行の子どもに対して、人間に関わる科学の知見を参考にしながら、接し、話しかけ、ときにはいっしょに活動して、彼を知ろうとする。結果は法律家である裁判官に伝えられ、その司法判断の参考にされる。

ひとつ間違うと、私たちが得た情報の中で、裁判官がその子どもにとってまずいものばかりを選択して過酷な司法判断を行うという可能性がある。「君のためになることだから」とにこやかに近づいて心を開かせる家裁調査官の蔭に、社会的報復の武器が隠されているということになる。

少年法は、私たちの活動がそのような誤りに陥らないよう、その目的に「健全な育成」(少年法第一条)を掲げる。子ども時代の失敗を許し、むしろ失敗をばねにして飛躍させたいというヒューマニズムの精神に基づいており、それはその手続きの隅々にまで行き渡っていなければならない。裁判官も、家裁調査官も、少年法に則って活動しているのであり、裁判官が子どもにとってまずい情報ばかりを選択するなら、法の趣旨を曲げているという非難を免れることはできない。

裁判官は手続きの中で最低限の「健全育成」を確実に保障する役割であり、家裁調査官が「健全育成」を具体化できるかどうかの鍵を握っている。

家裁調査官の仕事は非常に難しい。一人ひとりの子どもについて、バランスの取れた情報を集めて、「健全育成」に向けたシナリオを描くことができるかどうかが勝負である。非行を起こした子どもは、捜査機関によって山ほど悪い情報が集められる。地域の嫌われ者であり、親さえ見放していることもある。そのような子どもが非行から抜け出していく道筋を探すのは容易なことではない。人間に関わる科学が役には立つが、決め手は家裁調査官の感受性である。

私は、二十歳代で結婚し、女と男の子を授かった。子育てにはたいへんなエネルギーを要したが、感動の連続でもあった。子育てによって、初めて地域を考え、教育を考え、それとつながる国家や世界を考えた。子育ては個人的なものではなく、社会的な営みであることを体感した。

家裁調査官である私と父親である私は、しばしば葛藤した。非行の子どもの弁解を冷静に聴くことができるのに、わが子の失敗に寛容になれない。まったく逆に、非行の子どもにその誤りを厳しく指摘できるのに、わが子の勝手な言動にけじめある姿勢が保てない。私の仕事の中には子育ての誤りや過ちを正すことが含まれているはずなのだが、自分の家庭を振り返ると、まったく子育ての下手な親だと実感する。

人類の子育ては共同で営まれるのが原則である。私は司法機関の場からその共同作業の一端を担ってきた。もちろん、私の家庭の子育ても社会によって支えられていたわけである。共同性を基調にしつつ、子育ては歴史の中で人類の知恵を集積しながら変化してきた。種々の社会制度を生み出し、近代以降、著しい分業化と専門化を遂げた。少年法はその延長上に誕生した。このように、子育てと少年法はとても関係が深い。

少年法は誰のためのものか。加害者側に偏り過ぎて犯罪被害者を忘れているという立場から、この質問が投げかけられることが多い。これは少年法を刑事政策という一面のみでとらえた問いであるように思う。少年法の刑事政策としての側面は否定しようもないが、そうでありながら、同時に目標を「健全育成」とし、教育、社会福祉、医学などの力を借りて、子どもを育て直し、より良き潜在力をまっとうさせることをその中身としているのである。

したがって、現在の少年法を擁護する立場も、批判する立場も、その議論は子育て全般に広く視野を保って行われなければならない。少年法の議論を法律の枠に留めることなく、子育てを考える人がその方向から議論に加わることをぜひ求めたい。

「少年」という言葉

ここまで、私は「子ども」という言葉を、「大人でない」という意味で使ってきた。以降、少年法の「少年」という言葉を用いるつもりだが、その「少年」とはどういう人を指すのであろうか。

少年法では、少年を「二十歳に満たない者」と決めている(少年法第二条第一項)。〇歳から二十歳の誕生日前日までの人を少年と呼び、その幅は広い。

十八歳、十九歳を少年と呼ぶことに少々抵抗を持つ人もいるかもしれない。まず、その年齢の本人たちが、少年を子どものことと考え、「俺たちはもう子どもではない」と反発するに違いない。社会を見渡すと、成人向け映画館やパチンコ店の「十八歳未満は入場できません」という看板が目に付く。児童福祉法では、十八歳未満の者を児童と呼んでおり、子どもを定義するなら、こちらのほうが社会常識に合う。

だが、選挙権が与えられるのは二十歳、喫煙・飲酒が許されるのは二十歳である。日本では、十八歳と十九歳は、頭も体も一人前ではないと考えられている。

非行少年・犯罪少年・触法少年・虞犯少年

非行とは何か。この言葉の説明も一筋縄ではいかない。

非行のある少年(少年法第一条・以下短縮して「非行少年」と呼んでいく)として家庭裁判所の審

判に付される者は、少年法では次のようになる。

少年法第三条第一項
一　罪を犯した少年
二　十四歳に満たないで刑罰法令に触れる行為をした少年
三　次に掲げる事由があつて、その性格又は環境に照して、将来、罪を犯し、又は刑罰法令に触れる行為をする虞《おそれ》のある少年
イ　保護者の正当な監督に服しない性癖のあること。
ロ　正当の理由がなく家庭に寄り附かないこと。
ハ　犯罪性のある人若《も》しくは不道徳な人と交際し、又はいかがわしい場所に出入すること。
ニ　自己又は他人の徳性を害する行為をする性癖のあること。

一と二の違いはどこにあるのか。この説明をするためには、刑法を見る必要がある。

表 1　家裁が受理した少年事件の内訳

（人）

年	全事件	刑法犯・特別法犯	虞 犯
1999	297,505	296,129	1,376
2000	283,389	281,756	1,633
2001	284,336	282,778	1,558
2002	281,638	280,100	1,538
2003	270,954	269,549	1,405

（司法統計年報より）

表 2　家裁が決定を行った総数と 14 歳未満の少年(非行を起こした時点)(交通関係事件を除く)　（人）

年	総 数	14 歳未満	うち虞犯
1999	77,300	136	72
2000	75,884	147	70
2001	79,122	180	87
2002	82,696	171	80
2003	80,567	164	61

（司法統計年報より）

＊触法少年の人数は，表 2 の 14 歳未満から虞犯を差し引いたものと推定される．

刑法第四十一条　十四歳に満たない者の行為は、罰しない。

これは、十四歳未満の子どもの法律違反は罰することができない、すなわち犯罪にならないということが定められた条文である。罪を犯した少年（短縮して「犯罪少年」）は必ず十四歳以上であり、もし少年法がなければ、成人並みに懲役・禁錮、罰金などの刑罰を受けなければならないことになる。日本の刑法には死刑という刑罰もある。十四歳に満たないで刑罰法令に触れる行為をした少年（短縮して「触法少年」）は、刑事責任を問われて刑罰を受けることはなく、もし少年法がなければその年齢層への刑事政策的対応は何ら存在しないということになる。

犯罪少年と触法少年の両方が少年審判の対象になる。

さらに、三の「(虞犯《ぐはん》)事由があつて、その性格又は環境に照して、将来、罪を犯し、又は刑罰法令に触れる行為をする虞のある少年」(短縮して「虞犯少年」)が少年審判の対象に加わるわけであるが、これは非常に大きなテーマであり、次章で詳しく解説することにしたい。

実際に家庭裁判所が扱う非行少年で、その三種類がどういう割合になっているであろうか。それを示すのが**表1・表2**である。犯罪少年が九九パーセントを超えており、触法少年と虞犯少年はごくわずかであることがわかる。

非行はなぜ起こされる

非行の起こされるメカニズムを説明するには、一つ一つのケースを丹念に分析する方法、多数のケースを集めて分類、概括する方法がある。前者は、家裁調査官が日々取り組んでいる仕事の中核である。後者は、必要性を感じながら、実務家である家裁調査官にはなかなか取り組めない。犯罪や非行の研究者に期待したいところである。

少年法は、非行のメカニズムをどう考えているだろうか。

少年法の誕生には、人間の成長や発達について、医学、心理学、教育学や社会学などの理論的解明が進んだことが深く関わっている。少年法には、「性格」という言葉と「環境」という言葉が使われている（少年法第一条）。「性格」は人の心の傾向のことである。「環境」とは、人を取り巻く家庭、学校や職場を含む社会を指す。その社会をどこまで広げて考えるかはけっこう難問である。国家、全世界にまで及ぶのであろうか。通常、少年に影響を及ぼしている環境は彼の生活圏である地域社会の範囲内と考えられているが、家庭、学校や職場の状況が国全体、世界全体と結びついており、その結びつきが現代ますます緊密な方向へ進みつつあることを認識しておかなければならない。

少年法の背景に、人の行動は「性格」と「環境」によって規定されており、専門的な教育、治療あるいは支援、援助によって、「性格」を矯正し、「環境」と個人の関係を調整し、その結果非行を起こさないようにさせることが可能であるという理論がある。

教育などの手立てによりどの程度まで人を変化させられるかについての考えは時代とともに変化する。素質よりも育て方であるという考えが強い時代に、少年法の教育主義には大きな期待が寄せられた。現在は、犯罪を憎むがあまり、非行をするような少年は治らないし、治せないという声が目立つ。少年法を支えてきた哲学には逆風が吹いている。

二十八年間の家裁調査官生活から来る率直な感想であるが、非行の起きるメカニズムとして、「性格」と「環境」に加え、「偶然的要因」という項目を加えたい。ガンはその人の持って生まれた先天的な要因と食生活や飲酒・喫煙など生活習慣、ストレスといった後天的な要因とが絡み合って発症すると説明されるが、そのメカニズムを百パーセント解き明かすことは不可能であろう。非行も同じであり、非行が起きた事情を説明し尽くすということには絶対にならない。私が非行をガンに例えるのは、わが子の非行で悩む親に「子どもが非行を起こすかどうかは、人がガンに罹るかどうかというようなものですよ」と話したところ、その親がなんとも言えないほどほっとした顔つきになったという体験があるからだ。

非行のメカニズムの説明に「運の悪さ」のような要素を加えることが科学性に反するという手厳しい批判は甘んじて受けよう。私は、非行の原因を本人の「障害」（生物的要因）や「性格」（生物的要因と家庭的・社会的要因によって形成される心理的傾向）に求め、その親が障害にうまく対応しなかった、あるいは親の養育がそのような性格を形成したと当事者のみを責める姿勢は間違っていると思う。

どんなひどい犯罪を引き起こした者についても「偶然的要因」を加味して考察するということ、その寛容さこそ科学的な態度とは言えないだろうか。それは、たまたま家裁調査官という職に身を置くことができた「運の良さ」に謙虚になることと裏表の関係にあると思う。

さて、具体的な事例を紹介しながら非行のメカニズムを考察していくことにしよう。

自転車盗――ある高校生のケース

Aは、駅から高校までの八キロを毎日自転車で通学する。帰りに駅で、自転車置き場に自転車を預ける。Aは運動部に入っているため、家を出発するのは午前六時半で、駅から三十分間、雨の日も風の日も自転車を走らせる。

ある朝、Aの自転車がなくなった。置いた場所を勘違いしたかと思って、隅から隅まで探したが、見つからなかった。Aの自転車の鍵を壊して盗んだふとどき者がいたようだ。Aの体は熱くなった。その日、試合を目前にして部の早朝練習に遅れるわけにいかない。

自転車置き場に、鍵が付いたままになっている自転車が一台あるのに気付いた。「今日だけ借りて行こう。帰るとき、同じ場所に戻しておけば、持ち主も許してくれるだろう」とAは考え、周囲をさっと見回し、その自転車に飛び乗って一目散に学校に向かった。

早朝練習に間に合ったが、その日一日中、自転車のことばかり考え、冴えない気分であった。午後七時過ぎ、部の練習が終わって、その自転車で駅を目指した。自転車置き場まであと百メートルというところで、Aは警察官に呼び止められた。

Aの自転車の窃盗事件が、ここで発覚した。交番に連れて行かれたAは、「ぼくの自転車を盗まれてしまって……」と泣きべそをかきながら話した。警察官はAに被害届の用紙を渡し、「君も被害届を出しておきなさい」と親切に言ってくれた。

Aの行為は窃盗であり、その日親が迎えに来ないと帰宅できず、さらに別の日に調書取りのため警察署に出頭しないといけないという大変な事態となった。

警察官もAを悪い子とは思わなかったようで、終始温かく接し、学校にも連絡しない配慮をしてくれた。もし、この件が学校に知られたら、軽くても一週間の謹慎処分。その上に当分の間の部活動禁止で、近づいている試合にも出場できなかっただろう。

一時間ほど経って、お母さんがAを迎えに来た。お母さんも動揺して半泣き状態であった。

一、二か月後、Aの窃盗事件は、検察庁を経て、家庭裁判所に一冊の書類となって送られた（書類、証拠品、身柄などを引き渡すことを「送致」という）。この程度の事件で、本人と保護者を家庭裁判所に来させて調査するか、書面のやり取りによる調査を行うかは、裁判所によって異なる。どういう調査が行われたとしても、最後は「審判不開始」という決定になるだろう。

Aの窃盗事件は非行であり、Aは少年法上の非行少年になる。では、Aの非行はどうして起こされたのであろうか。考えられるのは次のようなことである。

自分の自転車を盗まれ、しかもどうしても部活動に遅れるわけにいかないという状況の中で、正常な判断力を失ったこと。鍵が付いたままの自転車で、ちょっと借りるだけで、夕方元の場所に戻しておけば、持ち主に迷惑も掛からず、それほど悪いこととも思えないと甘く考えたこと。

Aの性格に非行を起こしやすい傾向があるとは思えず、普通以上に真面目な高校生と言っていいくらいであった。それでもこういうことはあるわけだ。この事例のように、一人の盗みが次々ほかの者の盗みに連鎖する現象にはよく出会う。

Aは、今後の人生で、二度と同じようなことをすることはないだろう。警察官に検挙されたこと、家庭裁判所に書類が送られたことは、Aに法の存在を意識させるために有用であったわけである。

万引き――あるクラスの出来事

二学期に中学校のあるクラスで万引きがはやっていたが、最初、担任教師も親もまったく気づいていなかった。

夏休みのある日、B、C、Dの三人は、学校近くの大きなマーケットに暇つぶしに出かけた。何か買おうとする物があるわけでなく、広くて涼しい店内をぶらぶらした。昼下がりの店内は客が少なく、がらんとしていた。三人は、店員の数が少ないことに気づいた。

文具コーナーで、Ｂが、ふいにボールペン数本をつかんで上着のポケットに入れた。ＣとＤはＢの行動に驚いた。Ｂは二人を見てにやりと笑い、出口の方に早足で向かった。二人も慌ててＢの後を追った。三人は近くの公園に集まった。Ｂは「軽いもんよ。先輩から、あの店、盗めるって聞いた」と話した。

何日か後、ＣとＤはＢに「俺らもやったぜ」と得意そうに話しかけ、可愛らしい文具を見せた。「いいなあ、俺のと換えて」とＢが言い、三人ははしゃいだ。

その日から、三人は万引きしては、盗んだ物の自慢比べをするようになった。最初に万引きしたマーケットだけでなく、ここでもできた、あそこでもできたという競い合いもした。二学期に入り、万引きは三人の親しくしている仲間に少しずつ広まった。そのうちに、クラスの生徒の三分の一近くが関わるようになり、盗んだ品物の売り買いまで行われた。

この仲間たちはまるで秘密結社のようであった。

そんなある日、Ｄが万引きしているところを警備員に補導された。Ｄは新しいチャレンジでみんなをうらやましがらせようと無理をし、家電店で電子辞書の万引きをしようとしたのであった。

Dを取り調べた警察官には、その犯行は初めてのこととは思えなかった。「今までのことをすべて話しておいたほうがいいよ」と助言し、Dの両親も「過ぎたことは仕方ないから、洗いざらい話すように」と説得した。Dはその日までに万引きを二十回以上繰り返しており、盗んだ品物の合計金額は十万円を超えていた。最初、友達のことは黙っておこうと思っていたが、警察官の取調べは巧みで、Dはいっしょに万引きをした仲間のことを次々話すことになった。

万引きした生徒、万引きしたものをもらったり買ったりした生徒は、クラスの三分の一に達し、その中には優等生と思われていた者や生徒会役員の者もいた。事件に関係した生徒の親、学校の教師全員は大きなショックを受け、あちこちで「うちの子に限って……」、「うちの生徒に限って……」という言葉が囁かれた。

万引きした生徒は「窃盗」、盗んだ物をもらった生徒は「盗品無償譲り受け」、それを買った生徒は「盗品有償譲り受け」という罪名で、家庭裁判所に書類が送られた。この事件では、全員が家庭裁判所に呼ばれ、家裁調査官の面接を受けることになった。調査のみで終わる者もいたが、審判に回される者も出てきた。

この一連の事件に関わった生徒一人ひとりは事件に加わった事情がそれぞれ異なるであろう。しかし、最初に万引きを始めたB、その真似をしたCとD、彼らは普通に学校に通う生徒であり、非行を起こしやすい少年たちとは言えない。彼らの影響を受けて悪いことを始めた中にはクラスのリーダーもいたのである。悪いことだと知らなかったとは思えない。では、なぜ彼らはやってしまったのだろうか。

盗みをスポーツや遊びのように錯覚し、みんなもやっているから平気だと思ったことが大きい。思春期以降、大人より同世代の者から強い影響を受ける。それは正常な成長、発達の証であるのだが、彼らの未熟性はときにこのクラスの生徒のように悪いことへの協力、良くないことの競い合いという現象を生む。

このタイプの少年たちが、家庭裁判所の指導を受けた後、再び同種の非行を起こす可能性は低い。

リンチ・恐喝事件――中学校内の非行グループ

家庭裁判所が受理したのは、五人の生徒がからんだ中学生の恐喝・傷害事件であった。恐喝は、Ｅ、Ｆ、Ｇ、Ｈ、Ｉの五人の共犯事件であり、傷害は、Ｅ、Ｆ、Ｇ、Ｈの四人の共犯事件で、その被害者はＩである。Ｉは恐喝の加害者であり、傷害の被害者であった。

ＥとＦは幼なじみで幼稚園のころからいっしょに遊んでおり、Ｇ、Ｈ、Ｉの三人は同じ小学校の出身者で仲が良かった。二つのグループは中学一年の終わりころから急接近し、五人グループとなった。

Ｅ、Ｆは中学二年の夏休みに夜遊びを始めた。そのうちに、深夜、原付を盗んで無免許運転で走り回る遊びを覚えた。二人は、窃盗・道路交通法違反事件で警察官に検挙され、家庭裁判所の調査と審判を受けたことがあった。

五人は、Ｅをリーダーとして、学校内でほかの生徒を威圧し、このグループに文句を付けられる同級生はいなかった。Ｅは勉強嫌いで成績は悪かったが、なかなかよく頭がはたらき、四人を統率し、校内では極力教師とトラブルを起こさないようにした。だが、陰に回って、同級生や下級生に因縁を付け、言うことを聞かない相手に暴力を振るった。

五人が三年になった四月のある日、一人の同級生がＧの持ち物を過って壊してしまった。ＥとＦが「土下座して謝れ」、「弁償しろ」などと言って脅し、その同級生は恐ろしくなって、一万円をＥに渡してゆるしを請うた。五人はこの出来事で味をしめた。その日から、だれかれ構わず因縁を付けては金を要求するようになった。こんなに楽に金が手に入るのかと全員が思い、恐喝は繰り返された。

途中で、Ｉはこのようなことをしているのを怖いと思うようになった。このグループから距離を置いたほうがいいと考え始め、放課後遊びを誘われても、理由を付けて断るようになった。Iが仲間から抜けようとしていることを四人はすぐに察した。

リーダーのEが「けんかに勝ったら抜けさせてやろう」と持ちかけ、グループの中で一番体の大きいGと「タイマン（一対一のけんかをすること）を張れ」とIに命じた。

Eにとっては、面白半分の提案であったが、逆らえないIとGはけんかをするしかなかった。GはIをなかなか打ち負かせなかった。見ていたE、F、Hの三人は苛立ってきて、途中から一気にGに加勢した。Iは地面に押し倒され、顔や背中を何発も殴られた。Iは両腕で頭を庇ったが、四人からその腕をサッカーのコーナーキックのように蹴られた。Iは途中で意識が遠くなった。

四人が立ち去って、Iは足を引き摺ってよたよたと家に戻った。Iは、その日、誰にやられたのか話そうとしなかったが、翌日になって親に仲間のこと、恐喝のこと、自分がリンチにあった事情すべてを話した。Iは親といっしょに出頭した警察署で同じ話をした。

五人が粗暴な非行に手を染めた理由は何だろうか。

五人の事情は異なるが、それぞれ性格上の問題があり、普通の中学生とは少々違っているように見える。それが非行を生む土壌になっている。このタイプの非行は、前に紹介した二つの事例に登場する少年たちのように、過ちに近い出来事とか、周囲の雰囲気に飲まれてやった行為とは言いがたい。

中学時代は大人社会の入り口であり、急激な身体の発育、性機能の発達と性意識の芽生え、青年前期特有の不安定な心理といった特徴により、行動上の問題が生じやすい時期である。そういう危機的な状況の中で、多くの中学生が大きな非行に手を染めず、その過程で大いに苦痛を伴うはずの勉学やスポーツに力を注ぐことができるのはなぜだろうか、とむしろ問いたい。「なぜ非行を起こさずにおれるのか」という問題は真剣に考えてみる価値がありそうだ。当の中学生たちはこれにどう答えるであろうか。

「将来の夢を実現したい」、「自分のためになる」、「(今何かを)一生懸命やっておかないと後で困る」、「親にいいところを見せたい」、「友達や学校の先生から賞賛される」、「やることをやっておかないと格好悪い」などと言うのではなかろうか。それだから苦痛であっても頑張ることができるのであり、親や周囲の者を、失望させないために、最低限の行動規範として非行をしないのであろう。

前に紹介した二つの事例のように油断していて非行の誘惑に負けてしまうことはあるわけだが、油断していたということに気付けばその少年たちは非行を繰り返さない。この五人グループはどうだろうか。彼らの非行はきちんとした手が打たれなければ収まらないと私は思う。

非行グループの子どもたちとその家庭

五人の性格上の問題は、生育歴が深く関係している。

【E】 このグループのリーダーである。知的能力が高く、本人は努力しなくても人並みのことはできると考えている。自己中心性が強く、人前で見栄を張り、格好を付けたがる傾向が強かった。家庭はお父さんと弟との三人家族で、お母さんがいなかった。Eが小学二年のとき、お母さんは家を出た。同居していたおばあさんが母親代わりをしてくれたが、そのおばあさんも小学六年のときに死んでしまった。お父さんは口数の少ない固い性格の人であった。働き者で、仕事からの帰りはほとんど毎日、夜の九時になった。お父さんは寂しいのか、酒を飲んで憂さを晴らすことが多く、酔うとくどくど同じことを繰り返した。Eは次第に酔ったお父さんを避け、家に居づらいため夜遊びをするようになった。行く先は、自分をちやほやしてくれる取り巻きのところであった。

【F】 Eの幼なじみでいつもEにくっついて遊んでいた。知的能力は普通であるが、早くから勉強をあきらめ、学力は小学一年程度で、自分は頭が悪いと思い込んでいた。口下手で、衝動性が強く、ものごとを暴力で解決しようとする傾向があった。家庭は両親がそろっていたが、不仲な父母が家庭内で始終言い争いをしていた。兄は高校を中退して暴走族の一員になり、姉は中学半ばから学校に行かず地域の不良仲間と遊び回っていた。Fは小学四年ころから家に出入りする兄や姉の仲間の真似をし、喫煙、原付の無免許運転、シンナー吸入など非行文化に接した。Eを「頭がいい」と尊敬しており、お互いに影響し合い、悪い遊びにのめり込んだ。

【G】 知的能力に恵まれず、ほとんどの教科の成績が学年最下位である。体が大きくて力が強く、運動には自信があった。気が弱く優柔不断な性格であった。お母さんと弟二人、妹一人の家庭であった。お父さんは、Gが小学二年のとき、病気で亡くなった。中学に入学したころから、お母さんは二つの仕事で昼も夜も働き、生活を支えた。初めのうちは、Gがお母さんに代わって弟や妹の世話をしていたが、次第に面倒になり、仲間との遊びに熱中した。

【H】 知的能力は普通であるが、極度の勉強嫌いである。情緒未熟で子どもっぽく我慢ができない性格であった。家は商売をしていた。お父さんとお母さん、お母さんの両親であるおじいさんとおばあさん、大学卒業後商売を手伝う兄、大学生の姉、小学生の妹という大家族であった。兄と姉、妹は真面目な性格で勉強がよくできた。Hも小学五年ころまで勉強を頑張っていた。しかし、次第に息切れするようになり、中学に入学してからすっかり勉強を放棄し、遊ぶ友だちが不良っぽい仲間ばかりになった。

【I】　知的能力に大きな偏りがあり、学習障害が疑われる。甘えが強く、気の弱い臆病な性格であった。共働きの両親との三人家族であった。両親とも教育熱心で、小学一年から学習塾のほか英語、ピアノ、スポーツクラブに通った。だが、成績は思うように伸びなかった。Iは小学五年の二学期から学校に行くのを嫌がり、欠席を続けた。両親は勉強を押し付けるのをやめ、自由にさせた。G、Hの二人と仲良くなったのをきっかけに、小学六年半ばから学校に通うようになった。中学入学後も通学を続けたが、まったく勉強をしなかった。G、Hの影響を受けて夜遊びを始めた。両親は、Iが再び不登校になるのをおそれ、厳しく注意しなかった。

愛情という問題

五人の家庭と性格傾向を説明すると、非行を生むのは問題ある家庭と誤った親の養育であると理解してしまうかもしれない。

家裁調査官のケースレポートは、家庭史とその中での少年の育てられ方を明らかにし、それによって形成された性格、その土壌の上に現在の生活状況と引き起こされた非行を説明するという方法を採る。この因果関係によるケース理解は多くの人をそれなりに納得させる。

しかし、そうなると、ひとり親の家庭・ステップファミリーなどは、形の上でのハンディーが見えやすいだけに問題にされやすい。実際は、ハンディーのある家庭に非行が多発しているという事実はなく、その圧倒的多数に非行を起こす子どもはいないのである。

家庭の形が問題ではない。家庭の愛情の量と質が問われるのである。

そういう視点で、五人の家庭を見てみよう。

Eの父はEを愛しているが、酒への依存でその愛情は大きく歪められている。

Fの両親は夫婦間の争いのため、Fに愛情を注ぐのを忘れてしまっている。

Gの母はGに強い愛情を抱いているが、生活に追われ、それを行動で示してやる余裕がない。

Hの両親と祖父母は、優秀なきょうだいの中で目立たないHを片隅に追いやっている。

Iの両親の子どもへの愛情は強いが、極度の縛り付けとその後の放任という一貫性のない養育法である。

五人の少年たちの親は、極度の虐待ではないにしても、ネグレクトか不適切な養育態度であると言えるだろう。そこに、明らかな愛情の不足と歪みを感じる。愛情の不足と歪みは少年たちの性格形成に大きく影響してくるのである。

自分を大切にしたいという気持ちは誰かに愛されているということから生じる。意欲を持って生きるという心のエネルギーは愛され続けるということによってのみ維持されるものである。その欠落は、我慢できない、意欲が湧かない、普通の子どもが興味や関心を示すようなできごとに心が動かない、物の所有に固執する、力で問題解決を図ろうとするなど共通した性格を形成する。

最近、従来の枠で説明できない非行少年に注目が集まり、そのような非行を理解するために、発達障害、ＡＤＨＤ（注意欠陥多動性障害）等の診断枠が使われる。そして、本人の生物的要因の解明が重視され、親の不適切な養育を招くのも本人の障害についての的確な把握がなかったからであると説明される。精神医学の進歩で将来の問題解決につながる障害が明らかにされることは素晴らしいことだと思う。

だが、そこで強調される医学的治療モデルによる少年非行の解決に私は大きな疑問を感じる。非行問題に関して明快過ぎる診断は百害あって一利なしであり、目的を絞り過ぎた教育や治療の方針はほんとうの問題解決につながらないと思うからである。

五人の少年たちの問題行動は親の愛情への疑問から始まったと考えられるだろう。同時に、親がそういうふうにしかできないのは、親自身も周囲から支えられていないという不安に原因があるという視点も必要である。非行少年の親自身愛情に恵まれない生育歴をたどっていることが多く、たいてい地域からも親族からも孤立している。愛情の欠陥は次世代の愛情の欠陥につながっていくのである。

今の社会の中で個人が受ける恩恵には大きな格差がある。何らかの創造主によってこの社会が動かされているのだとしたら、創造主の愛は偏在しているとしか言いようがない。競争が煽られ、そこで負け組になる者に対して自己責任が強調される現在の風潮を見ると、その偏在ぶりはますます際立ってきているように思う。その中に親と子がいる。

非行を見る目は、こんなふうに複眼でなければならない。古くさいと言われても、非行問題から愛情の問題を抜き去ることはできないと思う。

五人のその後

家庭裁判所の審判で、EとFには「保護観察」(七五ページ参照)、G、H、Iには「不処分」の決定があった。

その後の五人の動向は次のとおりである。

【E】中学三年の二学期から学校に登校しなくなった。卒業後しばらく、父親の知り合いの会社で働いたが、一か月ほどでやめた。

【F】中学三年の後半、学校に行ったり行かなかったりの状態となった。進学の意欲はなかったが、親に強く勧められて定時制高校に入学した。二か月ほどで高校をやめた。

【G】中学三年の後半、母親や学校教師の励ましが効を奏して次第に生活が落ち着くようになった。三学期には受験勉強に取り組み、高校に進学した。入学してまもなく校則違反を繰り返し、二か月足らずで退学した。

【H】中学三年後半、学校にまったく行かなくなった。E、F、Gなど不良仲間とのつき合いをやめたが、ほかの友達ができず、引きこもりがちの生活になった。高校受験せず、就職先を探すこともせず、中学卒業を迎えた。その後もずっと無職である。

【I】事件後、E、F、G、Hとのつき合いを一切断った。学校教師の指導や助言を受け入れ、同じクラスの生徒と親しくするようになった。勉強や学校の活動にも力を入れた。高校に進学し登校を続けている。

中学生の五人グループは、非行が発覚して三つに分かれた。非行や非行すれすれの行為をやめることができないE、F、G。非行をやめたが引きこもりがちになったH。非行をやめて普通に近い生活を送ることができるようになったI。

さらに、E、F、Gの三人の動向を追ってみよう。

E、F、Gの三人は、中学を卒業した年の夏、地元の暴走族に入った。暴走族あるいは暴走族に類似したグループは、日本国中で数万人の人口を抱える町のほとんどに存在し、大都市部の百人を超える集団から小さな町の三〜四人グループまである。多くの暴走族は、バイクや車で乱暴に走るだけでなく、その地域の一番の不良グループで「愚連隊」か「シティーギャング」のような存在になっている。

三人の入った暴走族も例外でなく、まもなくそのメンバーによる集団窃盗事件に関わり、検挙された。コンビニにバイクで乗りつけ、暴走族の圧力で店員が注意できないのを見越して、メンバーが手当たり次第、商品を買い物かごに詰め込んで盗んだという事件であった。

この事件の犯人は全員逮捕され、E、F、Gの三人は家庭裁判所の審判で「中等少年院送致」決定となった。

少年の関わった殺人事件

殺人事件が、二十一歳の成人と十七歳のJ、十六歳のKの三人によって引き起こされた。成人は暴力団員である。成人は、大きな金をめぐるトラブルから十九歳の被害者を生かしておけないと考え、殺す計画を立てた。それは、自分では手を下さず、当時いっしょによく遊んでいたJとKに殺しをやらせるというものであった。成人には、J、Kとも普段よく世話をしているので言いつけに逆らうことはないだろうという思いがあった。

ことは計画どおりに運び、成人は生きている被害者に指一本触れてない。三人の乗った車に、うまい話をして被害者を乗せたのはKであった。「殺せ」と命じられたJとKは、命令されるがまま、まずKが被害者を油断させるために世間話を持ちかけ、次にJがその背後から用意していた金属バットで頭を一撃して気絶させた。その後、Kが体を押さえ、Jが被害者の頭を何度もバットでたたき、頭蓋骨を陥没させて殺した。それから、三人で死体を山中まで運んだ。死体を林の中まで運んだのはJとKであった。

成人にとってJとKは被害者を殺すための道具であった。二人は言うことを聞かなければ自分たちが殺されてしまうと考えていた。事実、車に被害者を乗せる前、二人も車中で軟禁同然の状態であったのだ。それくらい暴力団員の成人には迫力があり、二人がもしその日その場を逃れることができたとしても、翌日からその地域内で生活を続けることは不可能であると考えたほどであった。

JとKは中学時代から不良仲間と非行を繰り返し暴走族にも入った。前のケースのE、F、

Gと同じような少年である。二人は、暴走族仲間に一目置かれるために暴力団員との付き合いを自慢し、一時期すっかりいい気になっていた。それが大きな落とし穴であったのだ。

二人は、家庭裁判所の審判で検察官送致決定を受け、地方裁判所の公判廷で裁かれることになった。

家裁調査官の基本姿勢

私はJとKの調査を担当して、こんなふうに考えを巡らした。

JとKは、被害者の頭を金属バットでたたき割って殺すというとんでもない犯罪を引き起こしている。いかに暴力団員に支配されて実行したとしても、彼らの責任は重い。被害者の遺族が二人を赦す気持ちになることはないだろう。

犯罪の大きさはその少年の問題性を示す大きな要因ではある。だが、犯罪の大きさと少年の問題性は必ずしも比例しない。

私は、面接の結果、JもKも普通の感覚を持つ少年であるという実感を抱いた。中学校生活につまずけば、誰だって不良仲間にあこがれ、近づくかもしれない。卒業後の進路が順調でなければ、不良仲間との関係にのめり込むかもしれない。そのグループの端っこに暴力団員がいたとする。そして、何かのきっかけで、自分が殺すか、自分が殺されるかという選択を迫られたとしたら、どうなるだろうか。絶対に人を殺さないと言い切れるだろうか。

家裁調査官の面接は、対象者との共感を基本的姿勢とする。精神的な病のため特別な思考回路をたどるようなごく一部の人を除けば、対象者との関わりが深まれば深まるほど、相手の言葉に「そういうこともあるかもしれない」と納得をしてしまう。ある線を引いて向こう側とこちら側を分け、対象となった人を向こう側にいると決め付けることができなくなる。これは一般社会の人から非常識と言われかねないことである。

傷害致死事件を起こした少年を、家庭裁判所の裁判官が「感情豊かな」少年と評価したと、ある週刊誌が口汚く責め立てた。おそらくその裁判官は、家裁調査官の報告に基づいて、審判書にそういう記載をしたのであろう。「感情豊かな」者が人を殺すまでの暴力を振るうはずがないというのが世間の常識であろう。しかし、家裁調査官のつかむ事実は、「感情豊かな」少年も人を死なせてしまうほどの犯罪をすることがある、ということである。

裁判官は、私がJとKとの面接の印象を話したところ、「普通の者ならどこかで気づいて引き返し、殺人まではしなかったと思う」と言った。それもそうかもしれない。裁判官なら危ないことに巻き込まれそうになってもうまく逃れたであろうし、私でもおそらくそれができたと思う。

成人の暴力団員は、JとKだけでなく、ほかの若者数人にも声を掛けて、殺人を手伝わせようとしていた。上手に断った者、危うく付いて行きそうになったがぎりぎりのところで逃れた者などがいた。最後まで付き合い結局殺人の共犯者となった二人には、ほかの者にない問題があったという理解もできる。

しかし、私はどうしても裁判官ほど割り切って考えることができない。家裁調査官には、犯罪者に強く共感して、誰でも殺人を犯す可能性があった、殺人の原因は彼のせいだけではないと主張してしまうようなところがある。

殺人事件を犯した少年をその先永久に社会参加させない制度ならば、家裁調査官は必要ないだろう。しかし、ほとんどの犯罪者の社会復帰を目指す現在の社会には、私たちのような姿勢を持つ専門職が必要不可欠なのである。

第2章　保護なのか処罰なのか——虞犯事件をめぐって

虞犯の要件

前章でも引いた少年法の条文をもう一度掲げ、虞犯《ぐはん》の要件を見てみよう。

少年法第三条第一項第三号

三　次に掲げる事由があって、その性格又は環境に照して、将来、罪を犯し、又は刑罰法令に触れる行為をする虞のある少年

イ　保護者の正当な監督に服しない性癖のあること。

ロ　正当の理由がなく家庭に寄り附かないこと。

ハ　犯罪性のある人若しくは不道徳な人と交際し、又はいかがわしい場所に出入すること。

ニ　自己又は他人の徳性を害する行為をする性癖のあること。

この条文では、虞犯事件の成立のために虞犯事由と虞犯性の二つの要件が必要であることが

示されている。虞犯事由とは、条文の「イ」・「ニ」のいずれかに当たる性癖、または「ロ」・「ハ」のいずれかに当たる行為で、その存在が証明されなければならない。虞犯性とは、将来犯罪少年になるか、触法少年になるかというおそれ(虞)があるということで、それも客観的判断が可能なものでなければならない。

虞犯を犯罪・触法の前段階の状態と純理論的に考えると、虞犯少年の数は犯罪少年・触法少年より多くなるはずである。未成年者では、一時期に限るなら、虞犯事由にあげられるようなおこないに走る者は珍しくない。

時代とともに刑罰法令が増え、現在の社会は生活の隅々にまで法が入り込んでいる。多くの行動が刑罰によって統制され、道路交通法、軽犯罪法、自治体の各種条例などには、日常生活の延長でつい抵触してしまうものがある。そのような刑罰法令の周辺の行為をすべて虞犯として取り上げるなら、その数は限りなく増えることになるだろう。

家庭裁判所にどういう虞犯事件がどのくらい持ち込まれているのであろうか。この問いは、家庭裁判所の行う保護とは何かということを考察するためのいい検討材料となる。

虞犯事件は意外に少ない

家庭裁判所が一年間に取り扱う虞犯少年の数は、八ページ表1のとおりである。家庭裁判所の全事件の中でほんのわずかである(二〇〇三年で〇・五パーセント)。少年が犯罪・触法に至る前に手を打つという目的で立件されるものであるはずだが、統計は、虞犯事件がそのような位置づけで運用されていないことを示している。

虞犯事件を、家庭裁判所に通告、報告あるいは送致することができるのは、次のような人である。

① 一般人(誰でも可能)
② 都道府県知事、児童相談所長
③ 保護観察所長
④ 家裁調査官
⑤ 警察官
⑥ 検察官

虞犯の立件は、警察と児童相談所によるものが多い。中学生の場合、しばしば学校のＳＯＳが発端になって専門機関が動く。

少年法第六条第一項「家庭裁判所の審判に付すべき少年を発見した者は、これを家庭裁判所に通告しなければならない」は一般市民に通告義務を課したものである。しかし、実際には一般人の通告はほとんどない。送致権限を持つ機関さえ、虞犯事件の立件に慎重なのが現状である。「家庭裁判所の敷居は高い」のであるが、そのことは一概にいいとも悪いとも評価できない。その両面があるように思う。

実務上、一人の家裁調査官が一年間に一～二件の虞犯少年を担当するという程度である。私の経験では、虞犯少年は次のような条件がそろっているものが多かった。

① 犯罪・触法にならないまでも無視できないほどのおこないがあり、学校や地域に迷惑を掛けている。他人への迷惑でなくとも薬物乱用など放置できない行為がある。
② 虞犯事由に当たるものが三つ以上指摘できる。
③ 家庭裁判所に送致されていないが、犯罪・触法の行為が実際にあった。
④ 家庭の監護力が非常に弱く、少年のおこないを止められない。あるいは、保護者が少年

のおこないを助長している。

虞犯少年は、生活上の問題が深刻であるため、観護措置決定により少年鑑別所に入所させた上で調査を進めるものが多い。

犯罪と虞犯

警察や検察が家庭裁判所に犯罪少年の送致をする場合、その犯罪事実が存在したことを証明する書類、証拠品などを持ち込む必要がある。たとえば、少年本人の調書(犯罪事実を中心に警察官や検察官に語ったもの)、裏付けとなる証人や参考人、保護者などの調書、捜査過程の記録、鑑定結果、現場検証結果、証拠品(凶器、犯行時使用した道具等)などである。刑事訴訟法は本人の自白のみで罪を問えないことを明記しているが、少年審判も同様である。「万引きした」と本人が語った調書だけでは不十分であり、被害者が警察に被害届を出すことによって被害品が特定され、さらに盗んだ状況が補導員や目撃者、共犯者によって説明され、その内容が調書に記載される必要がある。

では、証拠が整わないため、犯罪少年にならないものを虞犯に当たるとして家庭裁判所に送ることができるであろうか。

少年法はそれが可能であるとしている。

少年法第四十一条　司法警察員は、少年の被疑事件について捜査を遂げた結果、罰金以下の刑にあたる犯罪の嫌疑があるものと思料するときは、これを家庭裁判所に送致しなければならない。犯罪の嫌疑がない場合でも、家庭裁判所の審判に付すべき事由があると思料するときは、同様である。

少年法第四十二条　検察官は、少年の被疑事件について捜査を遂げた結果、犯罪の嫌疑があるものと思料するときは、第四十五条第五号本文に規定する場合を除いて、これを家庭裁判所に送致しなければならない。犯罪の嫌疑がない場合でも、家庭裁判所の審判に付すべき事由があると思料するときは、同様である。

当然、虞犯の証明がなされなければならないのではあるが、「疑わしきは罰せず」という刑事裁判の感覚から考えると驚くべき規定である。もっともこの種の送致はほとんどない。考えられるのは次のような事例であろう。

暴力団の事務所に寄宿している少年を、その組織の構成員数人が関わった犯罪の共犯者として取り調べたが、共犯関係を立証することができなかった。しかし、その少年を暴力団事務所の居候《いそうろう》のまま放置しておくのは適当ではない。虞犯事由の「イ」と「ハ」に該当している。さらに、今の状態では、事務所のほかの者との共犯で暴力団員特有の犯罪に手を染める可能性が極めて高く、虞犯性が存在する。警察は虞犯少年として家庭裁判所に書類を送った。

あまり適当な表現ではないが、犯罪崩れの虞犯事件で許されるのはこんなケースに限られるであろう。

どんな重い罪の疑いで調べられている少年でも、その事実が証明できなければ、家庭裁判所に送致するのは適当ではない。「黒」にできないが「白」とも言い切れないから、とりあえず虞犯少年として家庭裁判所に送致しておくというような取り扱いがあってはならない。

虞犯少年はどう取り扱われるか

家庭裁判所は、虞犯少年にどういう処分を行っているであろうか。**表3**を見ていただきたい。

表3　虞犯少年に対する家裁の決定　（人）

年	総数	保護処分総数	保護観察	児童自立支援施設	少年院	児童相談所長送致	不処分	審判不開始
1999	872	556 (63.8%)	292 (33.5%)	107 (12.3%)	157 (18.0%)	54 (6.2%)	160 (18.3%)	102 (11.7%)
2000	1,000	707 (70.7%)	353 (35.3%)	147 (14.7%)	207 (20.7%)	70 (7.0%)	124 (12.4%)	99 (9.9%)
2001	1,063	713 (67.1%)	398 (37.4%)	125 (11.8%)	190 (17.9%)	68 (6.4%)	174 (16.4%)	108 (10.2%)
2002	1,061	722 (68.0%)	405 (38.2%)	133 (12.5%)	184 (17.3%)	68 (6.4%)	153 (14.4%)	118 (11.1%)
2003	919	630 (68.6%)	364 (39.6%)	108 (11.8%)	158 (17.2%)	67 (7.3%)	136 (14.8%)	86 (9.4%)
2003 全一般事件	81,511	23,802 (29.2%)	18,214 (22.3%)	347 (0.4%)	5,241 (6.4%)	175 (0.2%)	13,978 (17.1%)	42,604 (52.3%)

（家庭裁判月報より）

犯罪事件に比べると、保護処分率も、少年院送致率も高い。

人権という面からこの結果を問題視する考えもある。犯罪でないものを保護と言いながら処分の対象にし、その処分には強制的方法を用いる事実上の処罰が含まれる。それを正当な保護と説明するのは無理であり、一種の保安処分ではないかという批判がなされる。すなわち、保護の美名のもとに「社会の安全」を優先するものではないかという疑いをかけられているのである。

現実には、家裁調査官は、虞犯少年の調査をおおいに迷いながら行っている。そのほとんどの事例は深刻なものであり、その少年の目に余る行為は見過ごせるようなものではなく、置かれた環境はどうにもならないほどひどい状態である。

普通の病気では、患者本人が痛いとか苦しいとか声を上げるが、虞犯少年の場合、本人は放っておいてほしいのに、学校や地域が、ときには家庭までが「放置できない」と悲鳴を上げる。家庭裁判所に持ち込まれるきっかけは、突き詰めれば周囲のためである。

家裁調査官は、周囲の言い分を少年との面接で徹底して確かめ、本人にこれからどうしたいかと迫る。まれに「ぼくは施設に入ったほうがいい」と言う少年もいるが、ほとんどは「施設は嫌だ」と言い、どんなに拒否されていても、家庭に、あるいは学校、地域に戻りたいと希望する。「施設は嫌だ」と言う少年をその成長発達の権利を保障する目的で少年院に収容するという結論はたやすく導き出せるものではない。

少年調査票の各欄を埋めながら苦しみ、意見欄に入って悩み、「少年院送致決定相当」という意見を書いた後もまだ迷っている。実に嫌な作業である。裁判官は、家裁調査官よりさらに悩むかもしれない。虞犯少年が犯罪少年より厳しい取り扱いを受けることに違和感を持つ法律家は多いように思う。

虞犯少年の保護処分率、少年院送致率の高さは、「放置できない」として持ち込まれる少年について、どう考えてみても、やはり「放置できない」という結論に達するということを示している。

次に取り上げる二つのケースを読者はどう考えるであろうか。

「援助交際」の少女

十五歳のL子は家庭に居つけない子どもであった。家庭は、実母と義父、異父弟二人であり、表面上ごく普通のように見えた。

L子は、小学五年で、親の財布から金を抜いて家出し、深夜街中で補導された。中学一年の夏休みから、家出が頻繁になり、一週間以上帰宅しないことがしばしばあった。外泊する場所が次第に遠方になり、十代の男女の不良仲間と深夜繁華街で過ごすこともあった。そのうちに、年上の女子のまねをして、携帯電話の出会い系サイトで男を呼び出し、「援助交際」(売春)をして金儲けをするようになった。中学一年の二学期に入って、家出状態となり、学校を長期間欠席した。

中学二年の夏休みに補導され、児童相談所に一時保護された。保護者の同意により、児童自立支援施設に入所させられた。しばらくの間、施設で落ち着いた生活を送ったが、同じ寮の女子とけんかしたのをきっかけに無断外出した。すぐに連れ戻されたが、またすぐに施設を飛び出し、その後、施設への出入りを何回も繰り返した。

施設に戻らなくなったL子は、隣の県の繁華街で年齢をごまかして風俗店で働き、そのうちまた「援助交際」をするようになった。街中で知り合った男性のアパートに居候し、知り合った家出少女をかくまい、その子の「援助交際」の相手を探してやった。そして、家出少女の影響からシンナー吸入を始めた。

こんな生活を一か月ほど続けているうちに、警察に補導された。児童相談所は、L子が児童自立支援施設で生活を続けるのは適当でないと判断し、補導した警察署と協議した上で、虞犯事件を立件し、書類を家庭裁判所に提出した。L子は裁判官の面接を受け、即日少年鑑別所に入所させられた。

書類では、L子の虞犯事由は「保護者の正当な監督に服しない性癖がある」(イ)、「犯罪性のある人若しくは不道徳な人と交際し、又はいかがわしい場所に出入する」(ハ)、「自己又は他人の徳性を害する行為をする性癖がある」(ニ)であり、虞犯性は「売春防止法や毒物及び劇物取締法に違反するおそれ」とされていた。

家裁調査官のもとに、L子の立場を悪くするような情報がたくさん寄せられたが、将来の立ち直りにつながる情報は見当たらなかった。両親は「逃げられない施設に入れてほしい」とあっさりと言うだけであった。

L子は、少年院に行きたくないと主張し、さらに児童自立支援施設に戻るのも嫌がった。家に戻って普通の中学校に通いたいと言うのである。両親は「そんなこと、できるはずがない。また家出して、遊びたいだけのこと」とけんもほろろの態度であった。L子が普通の中学生として生活を送ることは、誰がどう考えても無理なことであった。

L子は、私を大いに悩ませた。虞犯というのは、大人ならば咎めを受けることがない事象である。一方で、このまま放置できないという思いも湧く。L子が中学を卒業しておれば、失敗覚悟で、試験観察にして職場を提供してくれる篤志家（補導委託先）に預ける方法を検討するだろう。しかし、中学生を預かり、預かった先から登校させるというところは見当たらない。

悪質な罪を犯した場合でも、保護者が本気でその少年を助ける気になれば、家庭裁判所が社会内の処遇を選択する可能性は高い。だが、逆に、親が子どもを完全に見放した場合、罪は軽くとも、自宅に強引に戻す結論は出しにくい。

悩みに悩んだ末、私はL子について「初等少年院送致決定相当」の意見を書いた。

審判で、裁判官はL子に「児童自立支援施設でもう一度やってみる気はないか」と尋ねた。「あの施設に戻るくらいなら、少年院のほうがまし」とL子が答えた。自宅に戻してもらえる道がないと考えたL子がやけになって口にした言葉であると私は考えた。

審判は一時間を超え、裁判官はL子にも保護者にも何度も再考を促した。しかし、硬直化した雰囲気が最後まで和らぐことはなかった。審判の最後に、裁判官は「初等少年院」に送致する決定を言い渡した。

私は、少年院がL子の今後の人生に役に立つような教育に取り組むことを祈るしかなかった。審判廷から出て行く両親に「何度も少年院に面会に行って励ましてやってほしい」と頼むのが精一杯であった。

知的障害の少年

十六歳のMには軽い知的障害があった。幼少期から行動に落ち着きがなかったが、誰にでもあいさつする愛嬌と明るさはあった。小学二年頃から問題行動を立て続けに起こすようになった。まずは家の金を持ち出してほかの子に配る行為。そして、万引き。小学三年には、火遊びして山火事を起こしてしまい、その地域でMを知らない者はいないほどになった。

失火事件の後、一家は転居した。自営業の家庭で、両親は仕事に追いまくられ、いつも忙しそうだった。Mには六人のきょうだいがいた。きょうだいは皆おとなしい性格で、問題を起こすのはMだけであった。両親はMを邪魔者のように扱った。

Ｍは、小学五年ころから、乗用車に強い興味を示すようになり、親の目を盗んで車の運転を始めた。中学一年のとき、深夜乗用車を乗り回して軽い交通事故を起こし、Ｍの無免許運転が両親に知られるところとなった。

その事件をきっかけに、両親はＭを施設入所させようと考え、児童相談所に一時保護をしてもらった。Ｍは、知的障害児施設に入所させるには能力がやや高く、施設で不適応を起こすと思われた。両親は児童自立支援施設への措置を希望したが、児童相談所のケースワーカーが思いとどまるよう説得した。ケースワーカーは、Ｍの問題行動は親の愛情不足から来るもので、家庭から切り離して生活させることはかえって事態を悪化させると判断したのであった。

中学三年ころから、Ｍは性に関心を持つようになった。公園で遊ぶ幼稚園児のスカートをずらしたことで警察に補導され、父親は激しい体罰を加えた。

その数日後、Ｍは父親の軽トラックを運転して家出し、三日間の放浪生活を送った。空腹に耐えられず自宅に舞い戻ったが、両親に警察署に連れて行かれた。両親の強い希望により、警察官は虞犯事件を立件し、家庭裁判所に書類を送った。

書類の送られた日、裁判官はＭを面接し、少年鑑別所に入所させる決定をした。

家裁調査官に対して、両親は「少年院か児童自立支援施設に入れて教育してもらうしか方法がない。このまま家に戻されると、Mの起こした事件のため、また転居することになる」と泣くように訴えた。Mは「これからは親の言うことをよく聞く。絶対に悪いことをしない。家に帰りたい」と言った。両親は、Mに甘い顔を見せたくないという理由で少年鑑別所の面会に行かなかった。

Mはあと半年で中学卒業にこぎ着けられる。家出のため学校を休んだことはあるが、もともと学校が好きな少年であった。何とか両親を説得してMを自宅に戻したいと私は考えた。

「今の中学を卒業させ、それから家を離すことを考えよう」という私の説得を両親はしぶしぶ受け入れた。しかし、「もし無免許運転するとか、女の子にいたずらするようなことがあれば、すぐに少年院に入れてほしい」と父親は要求した。

私は、Mを自宅に戻して試験観察(七〇ページ参照)にするという意見を提出した。裁判官は家裁調査官の意見を受け入れ、審判で「試験観察」決定を言い渡した。「悪いことをしたら次は少年院に入れてくれますね」という父親の発言に対して、裁判官は「そうならないよう周囲もがんばりましょう」と答えた。Mはうれしそうな顔つきで両親と審判廷を後にした。

翌日から、Mは毎日学校に登校した。家裁調査官との面接日を忘れることはなく、指示された日誌も毎日つけていた。しばらく問題は起こらなかった。ある日、ちょっとした指示に従わなかったことで、父親はＭの態度が悪いとひどく責めた。その夜、Ｍは家出し、鍵を付けたまま建設現場に駐車してあった他人の軽トラックの運転を始めた。途中でどこを走っているかわからなくなり、うろうろしているうちに、交差点で出会いがしらの衝突事故を起こした。本人はけがをしなかったが、衝突した乗用車の運転手は手と足に軽いけがをした。

Ｍは窃盗・道路交通法違反・業務上過失傷害の罪で逮捕され、手錠姿で家庭裁判所に送られ、少年鑑別所に入所させられた。

二度目の審判は気まずい雰囲気であった。父親は、交通事故の相手から大きな賠償金を要求されていると吐き捨てるように言った。Ｍは弁解もせず、泣いていた。

家裁調査官の私の意見は「初等少年院送致決定相当」であり、裁判官は意見どおりの決定を言い渡した。

二つの事例を通して考えること

二つの事例は、家庭裁判所を悩ませる虞犯事件の典型である。

少年法が刑事事件手続きの未成年者版であることは間違いない。刑罰に代えての保護処分は、保護という側面を持ちつつも人権を大きく制限する。審判の対象者である少年は、例外なく保護処分を「悪いおこないへの処罰」と受け止めている。行為について本人の責任が大きいなら少年院への収容も納得できるが、本人の責任に帰することが適当でないとき、疑問が生じ、処遇選択に悩む。

L子、Mくらいの年齢の少年の生活の荒れは、幼少期からの親の養育態度に原因していることが多い。二人の親のしていることは広義の虐待に入ると言ってもいいであろう。しかし、L子もMも育てにくい子であったのであり、そのために親子関係がこじれ、親がネグレクトに傾いたのかもしれない。そうなれば、専門機関が効果ある指導や助言をしたのかという問題提起もなされるだろう。

事ここに至って、家庭裁判所が二人を少年院に送り込むことしかできなかったということを情けなく思う。では、L子やMのような事例で家庭裁判所は別の選択があり得たであろうか。

L子をあの時点で少年院に収容しなかったら……。L子はいずれ売春組織に身を潜め、表社会に姿を見せなくなった可能性が高い。私は、L子がなぜこのように身を持ち崩したのかという事情を社会記録で種々説明したが、どうすればそこから救い出せるのかを示したと胸を張って言うことはできない。結局、全権を少年院に委ね、L子への矯正教育が始まったのである。

Mには、試験観察により家庭で立ち直る機会を与え、援助を試みたことで、一度は、家庭裁判所が踏ん張った。だが、再非行を防ぐ具体的な手立てを示すことができたわけではなかった。見通しのないまま両親の元に戻したことになり、結局再非行を待っていただけであったという嫌な気持ちが私の中に残った。

少年法に「虞犯」は必要ないか

家裁調査官の中にも「虞犯が少年法になければすっきりするのに」という意見がある。ではなぜ、少年法に虞犯という領域が定められたのであろうか。

それは少年法の理念と深く関係している。少年の「健全育成」という目的から考えると、犯罪に陥ってしまった者のみを対象とすることでは不徹底である。できれば犯罪者を作らない、犯罪者になる手前で止めるという制度設計がなされているのだ。少年法は未来志向でものを考えるように作られており、犯罪に陥った者を後追いするという考えではないように感じる。

このように説明すると、虞犯事件をもっと数多く立件し、家庭裁判所の調査・審判を活用して、少年たちが犯罪に陥るのを防止すべきではないかという意見が出てくるかもしれない。

日本の現行少年法は虞犯の領域を虞犯事由と虞犯性という二つの要件で厳しくしばり、さらに、実務の上でも、その運用を非常に厳格にしているという特徴がある。恣意的運用の余地はなく、虞犯を立件しないと救えないというケースにほぼ限定されている。少年法施行後五十五年が経過して、虞犯事件数が現在の程度で推移していることには重みがあると考えるのが妥当であろう。虞犯少年への家庭裁判所の取り組みによって犯罪に陥るのを防ぐという考えが理念的にはありうるとしても、実際上、虞犯はそういう位置づけでは運用されてないのである。

前述したように、虞犯少年のケースには、実際はすでに犯罪を行っているがそれが立証できなかった、あるいは何らかの事情で立件しなかったというものが多い。少年法を適正に運用するためには、捜査機関による犯罪の立件の努力を極力促すのが正論である。一方、送致するかどうかの裁量を捜査機関が握ることは少年法の理念を葬り去ってしまう可能性につながる。

犯罪の立件への努力と虞犯要件への厳格さの要求は、現行少年司法の生命線と言えるであろう。

第３章　少年司法の現在

――家庭裁判所の仕事

少年司法とはどういう領域か

これまでの章で何度か使ってきたが、「少年司法」は少年法の条文にない言葉である。少年法では「少年保護」という用語を使う。少年保護とは、少年に対する捜査機関の捜査、家庭裁判所の審判、保護処分の執行、刑事訴訟や刑罰執行についての特別な配慮などの一切を含む言葉である。

私は、少年司法を、家庭裁判所の審判、保護処分の執行を指す言葉として使用しており、少年保護と区別している。少年司法は刑事司法の少年版であるが、同時に「健全育成」を目指す教育、治療、援助のプロセスであるという二重性を有している。

少年司法の手続きは**図1**に示すとおりである。少年司法の中核機関として位置づけられるのは家庭裁判所である。

まず、家庭裁判所は、調査によって審判を行うか行わないかを決め、次に、審判を開いたものについて、審判で保護処分にするかしないかを決める。

保護処分には「保護観察所の保護観察に付すること」、「児童自立支援施設又は児童養護施設

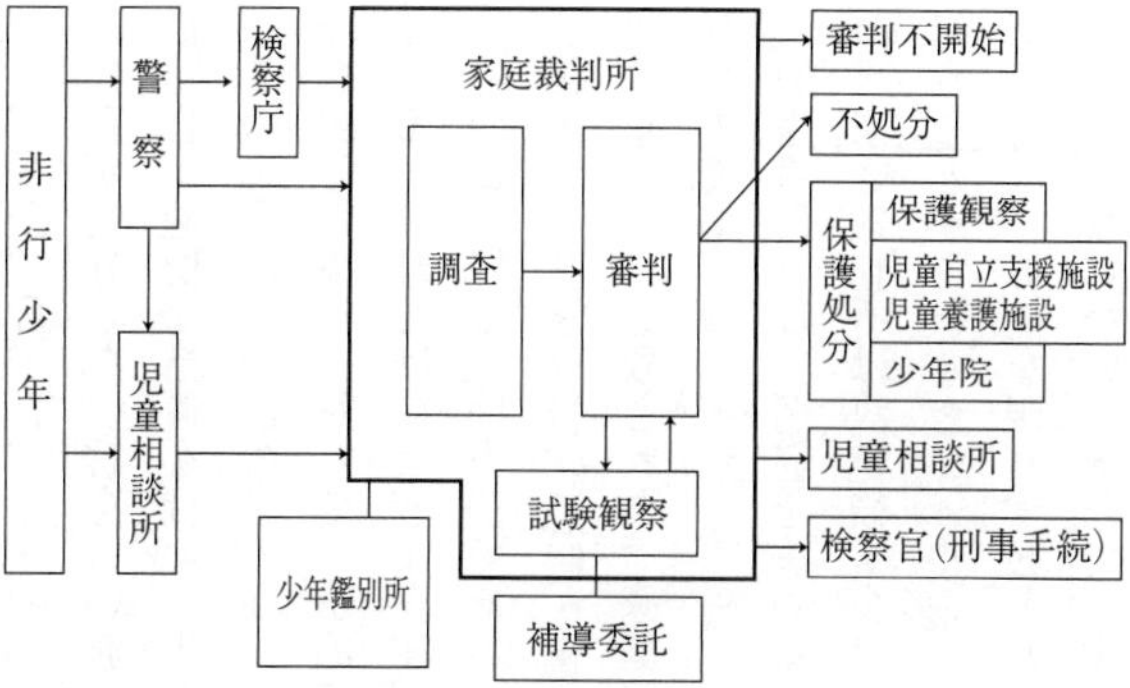

図1　少年司法の手続き

に送致すること」、「少年院に送致すること」（少年法第二十四条第一項）の三種類があり、裁判官がそのいずれかを選択する。保護観察所、児童自立支援施設・児童養護施設、少年院は、裁判所が決定した少年に対し具体的な処遇を執行する行政機関である。

このように、「健全育成」という目的を達成するため、司法機関から行政機関へと一貫した流れが作られているのである

もう少しわかりやすく説明してみよう。

第1章のAからKまでの少年たち、第2章のL子とMを思い起こしてほしい。司法手続きという側面のみを取り上げるなら、Aへの「審判不開始」決定は、家裁調査官の調査を経た上で裁判官が審判を開かない決定をしたという意味である。これは、調査で再非行に至る心配がないとしっかり確認されたという前提があってのことで

ある。また、G、H、Iへの「不処分」決定は、家裁調査官の調査を経た上で審判を開始し、裁判官が処分しない旨を言い渡したという意味である。これは、調査で家裁調査官が、審判で裁判官が適切な措置を行い、再非行のないことが確信されたという前提があってのことである。

このように、司法の営みが少年の「健全育成」に寄与するものであると考えられるからこそ、罪を犯した少年に対して、法的に「審判不開始」、「不処分」というような決定が許されるわけである。それだけにとどまらず、不必要なレッテル貼りを避ける意味で、そのような決定は保護処分より好ましい方法であると考えられている。

第1章のEとFは、恐喝・傷害事件で「保護観察」決定を受け、その後再非行があり、「中等少年院」に送致された。家庭裁判所が行う措置で対処できないため、保護処分の決定がなされたのである。

刑事事件では、刑罰を決める裁判所と刑罰を執行する刑務所とは断絶している。少年司法では、家庭裁判所は決定後も少年の動向に関心を持ち、必要があるとき執行機関に対して勧告を行うことができるという規定(少年審判規則第三十八条第一項、同条第二項)が置かれている。家裁調査官は、可能な限り、EとFの入院した少年院を訪ねて面接し、少年院から処遇経過を聞かなければならない。そして、少年院教育の進め方に注文を付けることもできるのである。

少年法は、決定機関である司法と執行機関である行政がその役割を補い合うように制度設計されているのである。

全件送致の原則

現行少年法は、十四歳以上二十歳未満の少年が犯した罪について、捜査機関が捜査を遂げたら、犯罪の嫌疑がある限り例外なく、司法機関である家庭裁判所に送致することを義務付けた。成人のように、警察署限りで事件を終結させることはできないし、検察官に裁判所に持ち込むかどうかを判断する権限を与えていない。これを「全件送致主義」と呼ぶ。

全件送致は現行少年法の大原則である。一九二二年にできた古い少年法の下では、ほとんどの犯罪について検事が少年審判所に送致するかどうかを決め、少年審判所は検事から受け取った少年の審判を行うだけであった。しかも少年審判所は司法省傘下の行政機関であった。戦後行われた現行法への改正は、少年司法の基盤を大きく変化させたのである。

第1章のA、B、C、Dの起こした事件では、成人の場合、初犯であれば、警察から送検されない(微罪処分)かもしれず、送検されたとしても裁判にかけられることはない(不起訴)と思われる。

少年事件にも、ごく限られた事件(被害金額の小さい窃盗事件等)について「簡易送致」という手続きがある。警察官が簡単な書類によって送検し、検察官はそれを一括して家庭裁判所に送致する。家庭裁判所は、原則として調査を行わず、事案軽微という理由で「審判不開始」の決定を行う。しかし、この「簡易送致」でも家庭裁判所に犯罪少年の事件は届けられ送致された事実が記録されるのであり、全件送致の原則は貫かれている。

第1章のAのような窃盗事件では、実務上、簡易送致手続きになる可能性が高い。「些《さ》細《さい》な事件を家裁送致するため厳密な捜査と詳細な書類作成を行わせることは、警察への負担の掛け過ぎである」、「一回限りと思われる軽微な非行についてまで少年を裁判所に呼ぶことは大げさで、裁判所の重みを失わせる」という指摘はおおむね妥当な意見であろう。確かにAならばそれでよかったと言える。

しかし、問題点もある。警察が捜査による犯罪の立件から事実上の終結宣言までを受け持つことは弊害が大きい。だからこそ刑事手続きの近代化の中で排除されてきたのである。また、「簡易送致」の対象少年の圧倒的多数がその非行一回限りで終わっているのであろうか。私には「少年の非行歴は簡易送致の事件から始まることが多い」という印象がある。

通常の形式で送致されてきた事件のうち、初回受理で被害程度が比較的軽いものを振り分け、その事件について少年と保護者に「書面照会」を行い、その回答を受けて「審判不開始」の決定をする方法が多くの家庭裁判所で行われている(この振り分けを「インテーク」と呼んでいる)。一九八〇年代、増加する非行をスタッフを増やさず乗り切るために導入された制度であった。「書面照会」の内容がいかに工夫されたとしても、直接対面して家裁調査官が五感で受け止める調査と異なり、形式的なものになってしまう。

「簡易送致」の事件にしても、「書面照会」の事件にしても、その数は決してわずかなものではない。合わせると受理事件の数十パーセントを占めるのである。

最大の問題は、警察も裁判所もそういう制度を前提に人員配置がなされ、その処理に馴染んでいることである。全件送致主義に厳格に則るなら組織はパンクしてしまう。

それでいいのだろうか。アメリカでは、多発する犯罪を減少させるため、若者の軽い事件にもたいへんな労力を掛けている(十代の陪審員・検察官・弁護士が運営する法廷で非行少年の処分を決めるティーンコートなど)。日本のやり方は初発の軽微非行をあまりに軽く扱っていると言えないだろうか。

児童福祉・少年司法・刑事司法

法律に抵触した子どもから大人までを取り扱う手続きとして、児童福祉、少年司法、刑事司法の三領域が存在する。三領域は、共同して犯罪を抑止し、社会の安全を図る社会システムであると考えられる。

児童福祉の対象は子どもの健康と生活全般である。児童福祉が社会の安全に対する責任を負っていると聞くと、抵抗を感じる人もいるだろう。しかし、児童相談所は触法少年(〇歳以上十四歳未満、常識的には五、六歳より上だと思う)の有する問題を解決する専門機関と位置づけられているのである。

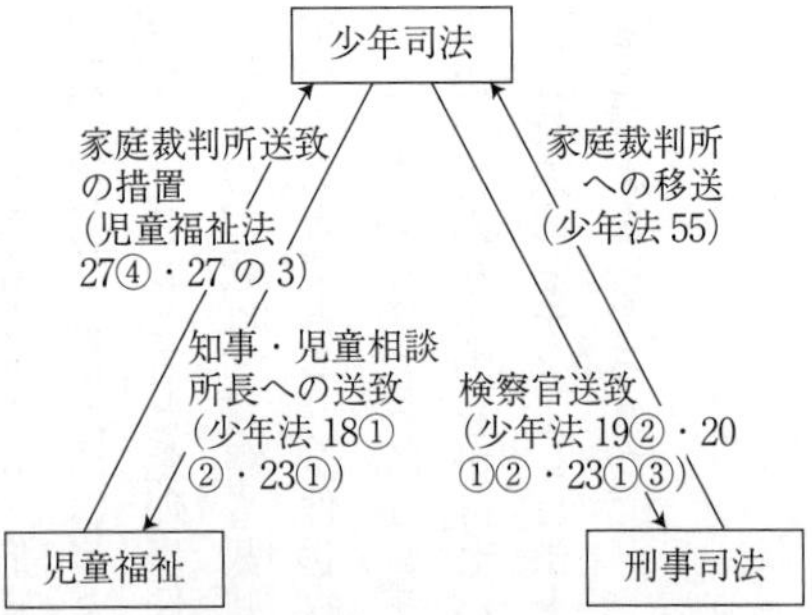

図2 児童福祉・少年司法・刑事司法の関係

三領域の関係は**図2**のとおりである。

児童福祉、少年司法、刑事司法の手法はそれぞれ大きく異なる。何歳から何歳までがどの領域によって取り扱われるべきであるかは難しい問題であり、現行少年法の誕生直後から現在まで何度も争点になってきた。このことに関する考察は次章に譲りたい。

少年司法は、十四歳から十九歳までの思春期・青年期と呼ばれる年齢層を対象とする。犯罪白書に掲載される非行少年率の推移によると、どの時代にも共通して十四歳から十六歳までが高率であることがわかる。その年齢層は人の一生のうちもっとも犯罪に手を染めやすい時期であり、その全件を扱う家庭裁判所の役割は極めて重要である。

家庭裁判所は、非行少年を少年司法の領域で取り扱うだけでなく、必要に応じて刑事司法へ、あるいは児童福祉へ振り分ける機能を有する。少年司法から刑事司法へのケースの移動は、家庭裁判所が事件を検察官に送致する決定を行うことによる（第１章のＪとＫ）。少年司法から児童福祉へのケースの移動は、都道府県知事または児童相談所長に送致する決定を行うことによる。

調査に呼ばれる

読者には、少年司法の手続きがどういうものなのか、今ひとつ具体的イメージが湧かないのではないかと思う。

それで、この本を読み進めることによって、少年司法の手続きを疑似体験してもらうことにした。読者は現在青年期にあるか、かつて青年期を経験したことがあり、疑似体験は可能であると考えたからである。

十六歳のあなたは、第1章のAのように自転車の窃盗事件を起こしてしまった。警察の取調べが終わって、二～三か月後、家裁調査官からの呼出状が届く。「○月○日午前○時、保護者といっしょに家庭裁判所少年係調査官室に来てください」という内容であった。不安な中に、「学校を休んで行かないといけないの？」、「行かなければどうなるの？」という疑問が湧いてくる。母に「行かなければ、(裁判所が)連れに来るわよ」と言われる。さらに「その日はお父さんも会社を休んでいっしょに行くよ」と付け加えられ、重苦しい気持ちになる。

学校の入学式や卒業式でも両親そろって来たことはなかったのに、その日、両親に連れられて、呼ばれた三十分前に家庭裁判所に行く。いかめしい建物の玄関を入るとき、体が震える。案内された待合室には二組の親子が待っていた。子どもはあなたより少々悪そうで、あなたは目が合わないようずっとうつむく。親は全員固い表情で押し黙っている。

時間になって現れた家裁調査官は中年のおじさんで、おっかない感じである。狭い部屋に親子三人が入り、家裁調査官が対面する。はっきりした口調で、あなたが呼ばれた事情、これから家庭裁判所が何をし、今後どうなる可能性があるのかなどが説明される。ときどき混ざる難しい言葉が耳障りだったが、「これからのあなたの態度が重要です」と言われた気がする。

最初に、警察で調べられた事件を確かめられ、「そのとおりで間違いない」とあなたが言うと、その後、自転車を盗んだ事情を詳しく説明させられる。「警察で話したことと少し違うけど、どうなのかな」と何度か聞かれ、「あっ、そうか。警察ではそんなふうに話していたのか」と焦った気持ちになるが、家裁調査官は「今記憶にあることを話してくれたらいいよ」と励ましてくれる。その後、学校の生活、家庭の生活を聞かれる。家裁調査官も高校時代に運動部でがんばっていたと話してくれ、あなたの部活動での努力をしっかりと聴いてくれる。

家裁調査官は、父と母にも質問した。家庭でのあなたの様子、親としてあなたに期待していること、今回の事件でどういうことを感じて、あなたにどういう指導をしたのか、ときめ細かく尋ねる。両親はあなたを責めるようなことを言わず、親として監督不行き届きであった、学校に行く前に声掛けをしてやればよかったと反省していると話す。あなたは親の言葉の温かさに触れて、胸がジーンとする。

約一時間の面接であった。最後に、家裁調査官は「私が今日ここで話したことを裁判官に報告し、それに基づいて裁判官が審判を開くかどうかを決めます。事件を反省してしっかりした生活を送っている君について、私は審判を行う必要がないと言うつもりです。おそらく裁判官もそう考えてくれるでしょう。結果は手紙でお知らせします」と話した。
一週間ほど経って、家庭裁判所からあなたと保護者に宛てて「審判不開始」と書いた紙が届いた。

これが、家裁調査官の調査面接である。

審判に呼ばれる

再び、疑似体験してもらうことにしよう。今回は、生真面目な読者には少し実感が湧きにくいかもしれない。

十五歳のあなたは、第1章のEのように同級生から金を巻き上げ、その挙句リンチでけがをさせる恐喝・傷害事件を起こしてしまう。あなたは中学二年のときにオートバイを盗んで無免許運転して警察に捕まったことがあり、家庭裁判所の調査も審判も経験したことがあった。
調査の面接で、家裁調査官から「審判があり、処分もあるだろう。今までの生活のよくないところを考え、改めないともっと厳しい処分を受けることになるよ」と警告された。

それから三週間経って、裁判官から呼出状が届いた。家裁調査官の言葉は少しは頭に残っていたが、あなたは学校を休みがちで、夜遊びを続け、ますます良くない生活に傾斜していた。「おそらく処分はホゴカン(保護観察)……」と思っていたが、「ひょっとするとカンベ(少年鑑別所)送りかも……」と一抹の不安があった。

父といっしょに家庭裁判所に行く。行く途中、父から「お前、これで最後にしてくれな」と声を掛けられる。

審判が行われる部屋(審判廷)は家裁調査官と話をした部屋より優に三倍は大きい。部屋には大きな机があり、正面に裁判官用の背もたれの異常に大きい椅子があり、右側と左側には黒い椅子がある。あなたと父が並んで座るのは、背もたれが直角になった固いベンチであった。

部屋には、右側に年配の男性(書記官)、左側にはあなたを面接した家裁調査官が座っていた。しばらくして、裁判官が入ってくる。「起立！」と書記官に声を掛けられ、あなたと父は立ち上がり、裁判官のほうを見て一礼する。

裁判官は、書類をめくりながらあなたを見て「○○○○君とお父さんですか」と言う。あなたが「はい」と頷くと、「生年月日を言ってください」、「住所は」、「本籍は分かるかね」と次々に質問してくる。緊張していたが何とか答える。本籍はわからなかった。

裁判官は顔をじっと見て「あなたには黙秘権があります」と告げる。そして、あなたの起こした事件の読み上げが始まる。家裁調査官にも事件の確認をされたが、裁判官は家裁調査官のように難しい言葉をやさしく言い換えてくれない。裁判官の読み上げる恐喝・傷害の事実を聞いていると、あなたは自分を大悪人のように感じる。「以上、間違いないですか」と裁判官は再びあなたの目をじっと見る。「はい、間違いありません」と答える。

しばらくの間、事件の経過についての質問が続いた。家裁調査官から尋ねられたのと同じことを尋ねられる。その部屋に家裁調査官がいるので、違うことを話したら怒られるのではないかとおっかない気持ちであった。

それから、被害者への気持ち、学校のこと、家庭のこと、進路の希望を聞かれる。裁判官は父にも、事件をどう思うか、普段のあなたの行状はどうなのかを質問した。父は声を震わせながら一生懸命答えていた。あなたは、父をこんな場所に引っ張り出して悪いなとちょっとだけ感じた。

あなたは一時間以上経ったと感じていたが、実際は審判が始まって四十分が経過したところであった。裁判官が「それではこれで処分を決めようと思います。最後にあなたのほうで何か話しておきたいことがありますか」と告げる。あなたは、ここで何か言っておかなければならない、「反省しています」とか「もうやりません」とか言うべきではないかと思ったが、言葉にならず口をもごもごさせるだけになる。裁判官は「ゆっくり落ち着いて話したらいいよ」と声を掛けてくれたが、結局は「ありません」と口から出てしまう。

裁判官は「わかりました。それでは処分を言い渡します。君を○○保護観察所の保護観察に付する決定をします」と言う。決定の言い渡しに続いて、裁判官は、「保護観察」にした理由を説明し、保護観察がどういうものか、保護観察中どういう生活をしなければならないかを話した。

あなたは少年鑑別所に入れられなくてよかったとほっとして、裁判官の言葉はほとんど耳に入らなかった。「保護観察になったので少し真面目にやらないといかんな」という気持ちが少しだけした。

これが家庭裁判所の審判である。審判では、処分の決定権限を持つ裁判官と少年とが直接やり取りをする。その方式は「懇切を旨として、和やかに行う」(少年法第二十二条)とうたわれているが、場の持つ性格から緊張に満ちたものになり、萎縮して思ったことが話せない少年が多い。少数であるが気勢を張ったり攻撃性を露わにしたりする少年がいて、同席している家裁調査官が面接時との違いに驚くこともある。彼らなりに自己を守ろうとしてそうなるのであろう。

少年鑑別所とはどういうところか

面接した少年に「家庭裁判所のことで知っていることを言ってごらん」と尋ねると、一番多い答は「鑑別所に入れる」であった。社会から隔離された施設に収容するという家庭裁判所の力が、多くの少年に一番強烈に見えるのであろう。

少年鑑別所送致の決定は最終処分ではない。少年鑑別所に入所した少年や保護者には、「処分ではなく、処分を決めるために必要だから入所してもらった」というような説明をする。

それでは、どんな場合、少年鑑別所に入所することになるのであろうか。

一つは、捜査機関(警察・検察)の捜査の必要から、裁判官(多くの場合、簡易裁判所裁判官)の発する「観護状」、「勾留状」により入所する場合である。少年法では、少年を警察署内の留置施設(代用監獄)や拘置所に入れて取調べを行うのでなく、なるべく少年鑑別所を利用するよう定められている(少年法第四十三条第三項)。しかし、現実は、十六歳以上の少年の捜査段階の扱いは成人並みである。

二つ目が、もっとも多いのであるが、事件送致後、家裁裁判官の観護措置決定(少年法第十七条第一項第二号)によって入所する場合である。事件記録といっしょに少年本人が身柄拘束された形(通常、手錠腰縄姿で捜査機関の職員が同行する)で家庭裁判所に連れて来られ、受理後、裁判官の面接により、観護措置により少年鑑別所に入所させるか、観護措置をとらず釈放し、誰か(保護者であることが多い)に引き取らせるかを決める。家裁調査官の観護という規定(少年法第十七条第一項第一号)があるが、この決定を行うことはほとんどない。観護措置は、事件を受理したときだけではなく、調査の結果を見て決定されることもある。

少年鑑別所への収容期間は原則二週間であり、必要に応じて一度だけ更新してもう二週間続けて入所させられる(後述するが、二〇〇〇年改正で事実認定手続きのためさらに二度の更新が可能とされた)。原則二週間の規定は残念ながら厳守されておらず、ほとんどの少年は三週と数日を少年鑑別所で過ごす。ただ、刑事裁判のための未決勾留期間の長さに比べると、少年の場合、処分の決まらない状態で身柄拘束できる期間は非常に短く設定されている。

少年鑑別所では、法務教官が所内での少年の生活ぶりを観察し、鑑別技官が心理検査と面接を行い、医師が心身を診察する。それを鑑別と呼ぶ。鑑別に並行して家裁調査官の調査が実施される。家裁調査官の少年調査票と少年鑑別所の鑑別結果通知書は、裁判官が審判で処遇選択

表4　少年鑑別所送致決定のあった少年の人数

年	少年鑑別所送致総数	一般保護事件		道路交通事件	
		少年鑑別所送致数	受理数に対する比率	少年鑑別所送致数	受理数に対する比率
1980	19,334	17,833	6.6	1,501	0.48
1990	18,020	16,028	6.1	1,992	0.91
1999	19,979	17,567	8.87	2,412	2.42
2000	22,062	19,743	9.93	2,319	2.74
2001	22,274	19,674	9.64	2,600	3.24
2002	22,032	19,330	9.29	2,702	3.67
2003	22,388	20,047	9.62	2,341	3.74

（家庭裁判月報より）

をする有力な資料となる。

少年鑑別所に送致される少年には、事件の問題性が大きい、要保護性が高い、非行が繰り返されている、前歴で保護処分を受けているというような者が多い。

ここ数年、少年鑑別所に入所する少年は、**表4**に見るとおり増加している。

試験観察という制度

試験観察は保護処分にするか否か、どの保護処分を選択するかを見極めるために行う家庭裁判所の中間決定であり、思春期・青年期にある少年の特性を最大限考慮した制度である。審判と審判の間は、少年にとって非常に重要な時期である。その期間に行う指導や助言は大きな効果をもたらす可能性がある。

少年法の試験観察を定めた条文を見てみよう。

少年法第二十五条①　家庭裁判所は、第二十四条第一項の保護処分を決定するため必要があると認めるときは、決定をもつて、相当の期間、家庭裁判所調査官の観察に付することができる。

②　家庭裁判所は、前項の観察とあわせて、次に掲げる措置をとることができる。

一　遵守事項を定めてその履行を命ずること。

二　条件を附けて保護者に引き渡すこと。

三　適当な施設、団体又は個人に補導を委託すること。

試験観察が最終処分でなく中間決定であること、家裁調査官が担当すること、観察の方法は静かに少年の動向を見ておくことにとどまらず積極的な補導活動を行うこと（二項に定められた内容）が規定されている。

試験観察の期間、本人にはたらきかけるのは当然のこととして、家庭環境の改善を目指し、ときには家庭から引き離して補導を助けてくれる施設、団体、個人に預ける手立てまでを行い、少年に変化を促そうとする。この場合、家庭裁判所は判断機関の枠を超え、処遇機関として活動する(このような家庭裁判所の活動を「保護的措置」と呼ぶ。「保護的措置」は試験観察に限らず、調査・審判の中で行われる取り組みを含む)。

試験観察の決定には裁判官の個性が出る。また、試験観察の方法ほど家裁調査官の個性を表現するものはない。

私は、次のような試験観察を行うことが多かった。

① 家庭や地域での生活状況が悪く、施設入所が必要だと思うが、年齢の低さから少々ためらう場合。保護者の下に戻し、生活が安定するかどうかを見る。うまく推移すれば保護観察所や児童相談所に委ねる。再非行があれば少年院や児童自立支援施設に送致する。

② 就労、親子間の葛藤軽減、被害者への謝罪など当面の課題が明確で、少年・保護者とも課題達成に意欲がある場合。達成状況を見極めて最終処分を決める。

③ 家庭引き受けが困難であるが、ぜひ社会内処遇を試みたいと思う場合。少年を補導委託先(職場を提供してくれる篤志家など)に預けて、そこで生活、就労させて、その動向を見る。うまく推移すれば、保護観察所に引き継ぐ。再非行や補導委託先からの逃走があれば施設収容に踏み切る。残念ながら私は後者のほうを多く経験した。

表5　試験観察の期間

年	試験観察総数	1月以内	2月以内	3月以内	4月以内	5月以内	6月以内	9月以内	1年以内	1年を超える
1999	2,469	63	152	194	384	438	415	617	159	47
2000	2,521	45	103	197	374	461	458	674	159	50
2001	2,408	46	94	200	362	401	425	654	175	51
2002	2,386	38	85	213	371	424	385	646	165	59
2003	2,200	39	94	204	353	410	363	593	102	42

（司法統計年報より）

中間決定である試験観察はあまり長期にわたるのはよくないとされ、三〜四か月が目途とされている。しかし、実際には、**表5**にみるように四か月を超える場合が結構多い。試験観察中再非行があって審判が行われ、そこで試験観察を続ける決定がなされる場合もある。

試験観察中の家裁調査官の活動はバラエティーに富む。一番オーソドックスなのは、定期的に(月一度から週一度くらいまで)親子の面接を行う方法である。一時間前後の面接で効果を上げるため、少年に日誌を付けさせることがある。作文の力不足から日誌記載の負担が重過ぎると思う場合、家裁調査官が作った日課表に書き込み(起床時間・帰宅時間等)をさせるやり方もある。絵や漫画を描くのが得意な少年には絵日記を課す。勉強するのが目標の中学生にはやったドリル、働いている少年にはタイムカードの写しを持参させる。また、面接の補助手段として絵画を描かせる、箱庭を作らせるといった方法もよく試みられる。

試験観察では、目標を明確に示すとともに、その少年の特性に合った方法を見つけ出すことが重要である。

補導委託の活用も常に視野に入れておかなければならない。通常の補導委託は、住み込み型の職場に預けることである。生活の場や就労を保障する制度は、家庭が壊れた非行少年に必要であり、それを開拓していく努力は家庭裁判所の責務である。

さらに最近、短い期間、福祉施設や地域でボランティア体験をさせる、合宿に参加させる(少年グループの合宿と保護者にも参加を求める合宿がある)というような委託が行われるようになった。

保護処分とは何か

保護処分は次の三種類であり(少年法第二十四条第一項)、必ず審判で裁判官が少年に直接言い渡す。

① 保護観察所の保護観察に付すること。

② 児童自立支援施設又は児童養護施設に送致すること。
③ 少年院に送致すること。

最近五年間の統計で、家庭裁判所が実質的な審理を行った一般事件を起こした少年を見ると、保護観察が二一～二三パーセント、児童自立支援施設等送致が〇・四～〇・五パーセント、少年院送致が六・四～七・二パーセントである(二〇〇三年のデータについては、四一ページ表3の最下段を参照のこと)。

それぞれの処分を次に説明しよう。

【保護観察】 保護観察所によって実施され、保護観察官(約六三〇人)とボランティアの保護司(約四万九〇〇〇人)が担っている。

実は、日本で最初の保護観察制度は、一九三六年成立の思想犯保護観察法によるものである。それは、保護観察所保護司と保護者、保護団体ほか社会内協力者のネットワークにおいて、対象者を共産主義思想などから転向させようとする制度であった。

現在の保護観察の対象は、少年法の保護処分として保護観察決定を受けた者のほか、少年院の仮退院者、刑務所の仮出獄者、婦人補導院の仮退院者、保護観察付の執行猶予判決を受けた者である。

保護観察の対象者は、次のようなことを守らなければならない（遵守事項）。

犯罪者予防更生法第三十四条第二項

① 一定の住居に居住し、正業に従事すること。
② 善行を保持すること。
③ 犯罪性のある者又は素行不良の者と交際しないこと。
④ 住居を転じ、又は長期の旅行をするときは、あらかじめ、保護観察を行う者の許可を求めること。

保護観察の中で数が群を抜いて多いのは、家庭裁判所の保護観察決定による者である（法務省統計によると二〇〇三年で七万〇九四九人中四万四二〇七人）。保護観察決定が一般事件で行われるか、交通事件で行われるかで、その観察方法は異なる。また、裁判官の勧告により、短期間の保護観察も行われる。交通短期保護観察では、原則として担当保護司は選任されず、交通講習会への参加と生活状況報告書の作成が課される。

通常の保護観察においては、少年の日常生活を把握し、それに合わせて助言指導するという実質的業務を担うのは保護司である。保護司は定期的に少年を自宅に来させ、また自ら少年宅を訪問して面接に努める。保護司は、本業を持つか、本業を引退したかの違いはあっても全員がまったくの民間人である。保護観察官の指導を受けながら業務をこなし、またいくらかの研修の機会はあるにしても、その負担は非常に重い。

保護観察が第一線の戦力をボランティアに頼るローコストの制度であることを考えると、その効果は驚くほど大きい。実際、保護観察によって非行をやめる少年の数は非常に多いのである。しかし、保護観察が現状程度の成果に留まっていてはいけないという厳しい意見がある。いつまでもローコストのシステムを自慢することは許されないだろう。

【児童自立支援施設・児童養護施設】　この二つの施設は児童福祉施設である。家庭裁判所の決定のほとんどは児童自立支援施設への送致である。しかし、児童自立支援施設の入所者を見ると、八割前後は児童相談所の措置によるものである。

児童相談所が行う措置と家庭裁判所の決定の違いは、前者が保護者の同意が必要なのに対し、後者は保護者の同意なしに入所を強制できることである。家庭裁判所が決定した後は、入所した少年の措置の変更、停止や解除の決定を担うのは児童相談所であり、措置で入所した場合と何ら異なる点はない。

児童自立支援施設の問題は次章で詳しく述べることにする。

【少年院】 現在、全国に五十三の少年院がある。

少年院は、家庭裁判所の審判で少年院送致決定を受けた少年を預かる施設であるが、二〇〇〇年少年法改正で、十六歳未満で懲役・禁錮刑を受けた者の、十六歳までの刑罰執行の場としても使用されることになった。

戦前の一九二二年少年法の時代、少年を収容する施設には少年院の前身である国立の矯正院と民間の少年保護団体の経営する施設(〇〇塾、〇〇道場等の名称)があり、矯正院送致より少年保護団体委託の数のほうが比べものにならないくらい多かった(一九四〇年で前者一〇六八人、後者一三六六八人)。矯正院では体罰を容認した(矯正院処遇規程第十六条)。また少年保護団体は人権上問題があるものが多かった上、練成して軍需工場に次々送り出すなど収容者を積極的に戦争に加担させる役割を担った。戦後、GHQの指導で少年保護団体は廃止され、相当数の施設が少年院に転換した。

現行少年法と同時に誕生した少年院法は、その施設で「矯正教育」(少年院法第一条)を行うことを掲げ、その内容を教科・職業の補導、訓練、医療とした。教科は、小学校、中学校で必要とするもの、高校、大学又は高専に準じるもの、養護学校その他の特殊教育を行う学校で必要とするもの(少年院法第四条)とするという画期的な内容であった。

少年院は「(在院者の)自覚に訴え紀律ある生活」(少年院法第四条)をさせるとし、対象者の自由を制限した形(居住する寮に施錠する)で教育を行う。

家庭裁判所の審判では、初等少年院、中等少年院、特別少年院、医療少年院のどれか一つが決定される。その種別は年齢、非行性、病気や障害の有無・程度によって選択される。

少年たちが強く関心を示すのは少年院の種別ではなく裁判官のつける処遇期間に関する勧告がどうなるかということである。勧告には、「特修短期」、「一般短期」、「比較的長期」、「相当長期」などがある。おおよその基準で、計画される処遇期間が、「特修短期」は四か月くらいまで、「一般短期」は六か月くらいまで、「比較的長期」は十八か月くらいまで、「相当長期」は二十四か月くらいまでであり、何も勧告がつかなければ十二か月前後になる。

本来、処遇期間は少年院が必要に応じて自由に決められる制度になっている。計画された処遇期間は後に述べる仮退院までの期間の目安であり、目標が達成できなければ延長される。法律でしばられた期限は、二十歳で退院、送致後二十歳までに一年ない場合、決定後一年間で退院ということのみである。だが、実際は、家庭裁判所の勧告が実質的な収容期間を決める効果を持っている。

家庭裁判所の勧告数を示したものが**表6**である。「比較的長期」、「相当長期」の統計は公表されていない。

一九七〇年代、一年間の少年院送致人数が全国で二〇〇〇人を割り込む年があるなど、どこの施設も大幅に定員割れしていたが、現在は五〇〇〇人台であり、施設によっては過剰収容の状態である。

表6　少年院送致人員と勧告の種別

年	少年院送致総数	一般短期勧告	特修短期勧告
1999	5,577	1,907	319
2000	6,158	2,023	215
2001	6,052	1,983	178
2002	5,979	1,994	166
2003	5,841	1,838	141

（家庭裁判月報より）

少年院の処遇では、集団行動が重視され、教室や作業場への移動はもちろん、食堂や浴室への移動まで、隊列を組んで点呼して行進する方法が採られている。その場面を見学すると「どこが刑務所と違うのか」という印象を抱く。また、進級制度が採られており、二級下→二級上→一級下→一級上と進み、段階が上がる前に厳しい審査が行われる。

現在、処遇の硬直性、画一性を克服する努力が行われ、少年院の教育力が見直されるようになってきた。学力保障を優先する施設、知的障害・情緒障害の治療教育を行う施設、職業訓練・資格取得を目標にする施設など個性化を図り、女子少年院や医療少年院では個別指導を重視し、受容的な雰囲気づくりが進められている。

少年院の処遇は、刑務所の処遇と基本的に構造を異にする。指導内容は、面接指導、日誌指導、ロールレタリング（役割を変えて手紙を書く方法）、集会活動、レクリエーション活動などであり、そのような取り組みを重ねることで少年と教官との信頼関係を育てる。それが少年院の教育実践の中核であり、信頼関係が樹立された上に初めて治療教育や職業訓練が花開くのである。少年一人ひとりの処遇目標が定められ、そのために必要な収容期間と処遇計画が明示される。計画に基づいて段階ごとに事後評価が行われ、計画を修正しながら実践が続けられる。処遇計画は少年本人にも明らかにされる。

少年院スタッフの熱意と「教育をしている」という自負は強い。しかし、ここではその限界も指摘しておかなければならない。教育が教育であるためには、自発性が尊重され、自由な言動が保障されることが一番大切なはずだ。自由権の一部を制限して行う少年院の実践が真の教育に高まる可能性がどれくらいあるのだろうか。

この本質的な疑問は少年院教育の随所に難問となって現れる。教育の手法として集団討議をさせたとする。しかし、その場では本人のプライベートな情報(住居や地域に関すること、友達に関することなど)を含んだ発言をすることは禁止される。そのためどうしても討議内容は抽象的で深まりのないものになってしまう。

「特修短期」処遇は、仮退院前の一定期間、少年院の外に出して社会経験をさせることを特徴とする画期的なものであった。だが、**表6**の統計に見る限りその利用度は低い。これは、家庭裁判所が少年院に求めるのは「収容した上での教育である」ということを示している。すなわち、「特修短期」相当の少年は補導委託も可能ではないかということになるわけである。

非行少年に厳しい世論の中で、少年院は拘禁施設としての役割を期待される傾向が強まっている。たまたま開放処遇を試みたとして、逃走事故でも起こせば、世論の袋叩きにあうに違いない。自由の制限が強調される風潮が少年院の教育的側面を圧迫しているように思う。

家庭裁判所と保護観察所・少年院

家庭裁判所と保護観察所・少年院は協力し合う関係にあり、いくつかの規定が設けられている。

少年院の少年の仮退院を決めるのは、地方更生保護委員会(犯罪者予防更生法第十二条〜第十七条に定められた組織)である。仮退院決定により少年は施設から社会に戻される。地方更生保護委員会の審理のための環境調査は保護観察所が行う。

仮退院中の少年は保護観察を受けなければならない。遵守事項に違反したとき、少年を一定期間少年院に戻して収容するよう地方更生保護委員会から家庭裁判所に請求する制度がある(戻収容)。

また、少年院法で定められた退院の期限が来ても処遇目標が達成できていない場合、少年院長は、一般の少年院の場合は二十三歳まで、医療少年院の場合は二十六歳までの間、収容を継続する決定を家庭裁判所に求める制度がある(収容継続)。

家庭裁判所は少年の家庭に問題があって調整が必要だと思われる場合、保護観察所長に「家庭その他の環境調整に関する措置」(環境調整命令・少年法第二十四条第二項)を命ずることができる。この命令は少年院送致決定に合わせて行うこともでき、その場合、少年院教育と並行して保護観察所の家庭へのはたらきかけが行われる。

少年の立ち直りに向けて、このようにきめ細かい規定が作られている。

少年司法の専門職と社会記録

家庭裁判所、法務省傘下の保護観察所、少年院・少年鑑別所には、家裁調査官、保護観察官、法務教官・法務技官など大学で心理学・教育学・社会学・社会福祉学を専攻した専門職が大勢いる。この専門職集団が少年司法に少年司法らしい息吹を与える。本来は、共通の採用と研修、人事交流を行い、法曹資格者や医師のような確固とした集団になるべきであろう。

少年司法の専門職はそれぞれの組織に従属して仕事をしているため、気付かないうちに自分の属する組織の保持や擁護に四苦八苦していることがある。時にはっと気付いて、まずいと思い、私の仕事が拠って立つものは何かと自問自答する。

一つは、非行少年を立ち直らせてまっすぐに育てようとする目的意識である。二つ目は、目的に向かって、少年本人、その周囲の人たちをよく理解し、少しでも良い方向への変化を促すことができるわざ(対人技術)を持つということである。三つ目は、目的達成に寄与する社会内の資源を探し、開発することである。

このような専門分野を「ソーシャルワーク」と呼ぶ。そういう名称を付けようが付けまいが、少年司法の専門職は似たものを志向している。所属する場によって、心理面が重視されたり、教育面が重視されたり、社会面が重視されたりするだけのことである。

少年司法の専門職集団一人ひとりの少年への関わりによって作られるのが社会記録である。社会記録はA4判の「緑色ファイル」で統一されている。事件数が少ない少年の記録は薄っぺらだが、事件が十回を超えるような少年の場合一冊で収まりきらないこともある。そこには、非行内容と動機、家庭状況、生活史、性格・行動傾向、学校・職業の状況、生活状況、交友関係、家裁調査官の意見、鑑別結果、保護観察の成績、少年院の処遇計画・処遇経過などその少年に関わるものすべてが綴られる。社会記録は専門職集団の汗の結晶と言っていいであろう。

社会記録は、裁判官が審判を行うための重要な材料であるとともに、関係機関が情報を共有するための貴重な資料である。プライバシー保護のため、社会記録は厳重に保管され、少年が一定年齢に達すればすべて溶解処分される。

二〇〇〇年の少年法改正

二〇〇〇年十二月に改正少年法案が国会を通過成立し、二〇〇一年四月一日から施行された。

日本の少年法は一九二二年に誕生し、敗戦後の一九四八年に全面的な改正が行われた。その改正は劇的なものであった。

前述したが、検察官が少年審判所への送致を決める権限を有するそれまでの制度をやめ、司法機関である家庭裁判所に少年の犯罪事件すべてを委ね、少年審判から検察官を排除した。しかも、管轄する少年の年齢を十八歳未満から二十歳未満に引き上げた。これによって、保護を優先した少年法の体系が完成したのであった。

「少年法は青少年を甘やかしている」、「家庭裁判所の事実認定の力は弱い」、「保護処分の種類が少なく硬直化している」など一九四八年少年法にはさまざまな非難が浴びせられ、何度も改正論議が引き起こされた。だが、その都度反対運動が起きた。

少年法改正の声がもっとも大きくなったのは一九七〇年代であった。一九七六年に出された法制審議会少年法部会の中間報告は、検察官関与を含む少年審判手続きの改善、十八歳以上の少年事件への特別な取り扱い、捜査機関による家庭裁判所への不送致の容認、保護処分の多様化・弾力化などを内容とするものであった。これは、少年審判をめぐって対立を繰り返してきた法務省と最高裁判所とが妥協点を見出したことによって、まとめられたものであった。しかし、日本弁護士連合会は徹底してこの報告を批判し、また刑事法学者や市民の反対の声も強く、法改正は棚上げされた。

一九九七年の神戸連続児童殺傷事件は、マスコミの激しい報道とあいまって、市民の少年司法に対する感情を大きく変化させる分岐点になった。

敗戦直後は少年による凶悪犯罪が現在とは比べものにならないほど多かった。また、派手な報道がなかっただけで、一九六〇年代にも、一九七〇年代にも、一九八〇年代にも少年による惨い手口の殺人事件は引き起こされた。こんな事件があったと言うわけにはいかないが、私自身も、今なら新聞の一面記事になり、何日間も繰り返してテレビで報道されるだろうというような殺人事件の調査を何度か担当した。

一九九七年以降、少年事件をめぐる市民の目は厳しくなる一方で、家庭裁判所の処分や事実認定について従来から主張されてきた少年司法への批判が再燃し、その勢いは増すばかりであった。

そのような空気を受けて、法制審議会は事実認定手続きを適正化するために検察官の少年審判への出席を含んだ法改正を求める答申を行い、それに基づいた改正案が一九九九年通常国会に上程された。その法案は廃案になった。

その後立て続けに起こった凶悪な少年事件の一つ一つが大きく報道される中で、議員立法による改正案が二〇〇〇年臨時国会に上程され、その法案はあっさりと衆・参両院を通過した。

この改正は少年法の基本理念に変更を迫るものではなかったが、その萌芽を抱えたものであった。

私は、一九九九年四月、神戸家庭裁判所の主任家裁調査官として転勤した。それからの四年間を本庁で、二年間を姫路支部で過ごし、この間ずっと少年係に所属した。二十八年の家裁調査官生活のうち少年事件担当は十六年半であったが、退職するまでの六年間は少年司法制度の激動の時期であり、私はその渦の真っただ中にいたわけである。

一九九九年改正案が流れたとき、少年調査官室で上司と私は「少年法はしぶといね」とほくそ笑み合った。だが、前年の改正案になかった厳罰化への傾斜までが盛り込まれた二〇〇〇年の改正法が成立したとき、多くの家裁調査官は説明しにくい喪失感にさいなまれ、しばらくの間、職場の同僚が少年法を話題にしなくなった。「理念は何ら変わっていない」と心の中で何度も繰り返し自分を励ますしかなかった。そして、成立から法の施行日まで、改正法への移行が円滑に行くよう、冷静さを装いながらおびただしい量の事務作業に励んだ。

二〇〇〇年の改正の柱は次の三つである。

一つ目は「少年事件の処分等の在り方の見直し」で、主に被害者が死亡するような凶悪な事件を起こした少年の厳罰化を促すものであった。

二つ目は「少年事件の事実認定手続きの適正化」で、一九九九年の法制審議会の答申に示された検察官の出席を含む少年審判の改善であった。

三つ目は「被害者への配慮の充実」で、犯罪被害者の少年司法への改善要求の一部を取り入れたものであった。

それぞれの内容を見てみよう。

改正の柱――(その一)厳罰化

この改正の最大の目的は、年齢にかかわらず、被害者が死亡するような凶悪事件を起こした少年の厳罰への傾斜を促すことであった。それに合わせて、家庭裁判所に司法機関であることを覚醒させる内容、非行少年の親にその養育責任を自覚させる内容が盛り込まれた。

改正された条文は、年齢区分、凶悪重大事件を起こした少年への処分、保護者に対する措置、審判の方式の四項目の七点に及んでいる。

非常に大きな変更が二つあった。

①　刑事処分可能年齢の引下げ(少年法第二十条第一項)。従来検察官送致決定ができなかった十六歳未満の犯罪少年に対して刑事処分を選択できるようにした。そして、十六歳未満の

受刑者は十六歳まで少年院に収容されることになった（少年法第五十六条第三項）。
②原則逆送制度（少年法第二十条第二項）。「故意の犯罪行為により被害者を死亡させた罪」（殺人、傷害致死等）を十六歳以上の少年が犯したとき、その事件を「検察官に送致（逆送）しなければならない」とした。例外的に保護処分を選択できる「ただし書」が付いたが、原則は逆送である。

そのほかは次のとおりである。

①少年の刑事処分について、「犯行時十八歳未満の少年に係る無期刑の緩和を裁量的なものとすること」（少年法第五十一条第二項）、「死刑を緩和して無期刑を選択した場合における仮出獄可能期間の特則の不適用」（少年法第五十八条第二項）の二つの変更が加えられた。いずれも死刑・無期刑に相当する少年への減刑の規定を厳しくする内容であった。
②家庭裁判所が保護者に、調査・審判で訓戒、指導などの措置をとることができる規定を新設した（少年法第二十五条の二）。
③少年審判の方式を、従来の「懇切を旨として、和やかに」に加えて「非行のある少年に

対し自己の非行について内省を促すものとしなければならない」を書き加えた（少年法第二十二条第一項）。

改正の柱――（その二）事実認定

この改正の目的は、非行事実の存否が争点になる複雑な事件の少年審判を少しでも円滑に運用し、結果について多くの人の納得が得られるようにしたいというものであった。

改正条文は五つに及ぶ。

① 裁定合議制の導入（裁判所法第三十一条の四第二項）。従来の単独裁判官による方式だけでなく合議体（三人）でも取り扱えるようにした。

② 検察官及び弁護士である付添人が関与した審理の導入（少年法第二十二条の二、第二十二条の三）。「故意の犯罪行為により被害者を死亡させた罪」、「死刑又は無期若《も》しくは短期二年以上の懲役若しくは禁錮に当たる罪」を犯した少年について、必要があるとき、家庭裁判所の決定で検察官を審判に出席させる制度が新設された。検察官が出席する決定をした場合、少年に弁護士である付添人がないとき、家庭裁判所により弁護士である付添人が選任

されることになった。

③観護措置期間の延長(少年法第十七条第三項、第四項、第九項)。「死刑、懲役又は禁錮に当たる罪の事件でその非行事実の認定に関し証人尋問、鑑定若しくは検証」の必要があり、「少年を収容しなければ審判に著しい支障が生じるおそれがある」場合、観護措置を通常の二回に加えて、さらに二回を限度として更新できるように変更した。

④抗告受理申立制度(少年法第三十二条の四)。検察官が、出席した審判の非行事実認定に関して法令違反や事実誤認があることを理由として、抗告の受理申立てができる制度(高等裁判所に再度審理を行うよう求めること)を新設した。事件を受理し審理を行うかどうかは高等裁判所が判断する。

⑤保護処分終了後における救済手続きの整備(少年法二十七条の二第二項)。保護処分が終了した後でも、誤った判断で保護処分をしたことがわかったとき、保護処分の取り消しができるように変更された(改正前は保護処分の継続中に限られていた)。

⑤を除けば、結局のところ、この改正の目指したものは非行事実の存否が争点になる少年審判での裁判官の負担軽減であったように感じる。適正に事実が認定されることは少年本人のた

めになるのであるが、この改正がその方向に寄与するものになったのであろうか。慎重な吟味が求められる。

改正の柱――(その三)被害者

少年法改正は犯罪の被害者の声によって大きく推進され、この改正点はその要求のごく一部を取り入れたものであった。

少し前まで、犯罪を扱う専門機関には、被害者の権利や心情に心配りをする姿勢が乏しかった。被害者は窮状を訴え、問題解決のためにグループを作り、種々の運動を展開した。運動によって、警察や検察は被害者の心情に配慮した捜査を行い、必要な情報提供をするようになった。刑事裁判でも、公判での被害者の尋問をその心情に配慮して行うよう各種規定が設けられた。被害者の地位は、まだまだ不十分ではあるが、やっと犯罪を証明する「物」から犯罪によって苦しみを受けた「人」に変化したのである。本来は、被害者が社会的弱者であることを認識し、もっと早く社会が支援に乗り出す必要があったのである。

少年法に被害者への配慮の充実のために三つの条文が新たに追加された。

①被害者等による記録の閲覧及び謄写（少年法第五条の二）。被害者やその家族に記録の閲覧、謄写を認める制度が新設された。
②被害者等の申出による意見の聴取（少年法第九条の二）。被害者やその家族が、裁判官や家裁調査官に被害に関する心情や意見を述べる制度が新設された。
③被害者等に対する審判結果等の通知（少年法第三十一条の二）。被害者やその家族に、少年と法定代理人の氏名・住所、決定の年月日、審判の主文・理由の要旨を通知する制度が新設された。

いずれも裁判官が認めるか否かを判断し、その基準は少年法が目的とする「健全育成」に支障がないことが大前提である。この規定は被害者の権利ではなくあくまで配慮であると説明されている。しかし、この規定が新設された背景を考えると、「健全育成」の支障を厳格に考え過ぎることには問題があろう。不都合な事情が明確に説明できない限り、被害者への配慮を優先することになると思われる。

私は、少年法に被害者の存在が明示されたことについて、教育主義で首尾一貫した従来の少年法に新たな観点が導入されたということではないかと感じている。そうだとすると、被害者をめぐる問題は三つの配慮規定に集約されるようなものではなく、今後は被害者を完全に視野に収めた少年司法の展開を考えることが必要なのである。

改正後、少年司法はどうなったか

改正法施行後もう少しで五年が経過する。附則に盛り込まれた見直しのための検討時期が刻々と迫っている。

私は、改正法施行後の四年間、少年係の家裁調査官としてはたらいた。振り返ってみて、家庭裁判所、保護観察所、少年院、少年鑑別所が大きく変化したようには思えない。基本理念を変える改正でないと説明されたとおり、現場は従来と大きく変わらないスタンスで動いている。

では、改正前に把握されていた少年司法の問題が、改正法によってどれほど解決されたであろうか。その検討は次章以降に譲ることにするが、現場で話題になっていることに簡単に触れておきたい。

【厳罰化について】一番の指標とされる「原則逆送」事件の検察官送致率に注目が集まり、妥当か妥当でないかと評価をめぐって議論が起きている。

【事実認定について】検察官の出席した審判は少ない。検察官出席の場合も、検察官は少年審判の理念を踏まえ適切な活動を行い、問題は生じていない。検察官の審判出席、裁定合議制、観護措置期間延長とも裁判官におおむね好評である。

【被害者への配慮について】　被害者への配慮規定が利用され以前よりいい状態になった。被害者の視点を導入した少年司法の展開を目指すべきという掛け声があるが、方向性が定まらない。

改正法が目指そうとしたものを突き詰めれば、少年司法への市民の信頼を高めることであったと言える。柱とされる三つは市民からの厳しい問いかけであり、少年司法を担う者が実践を通してきちんと答えていかなければならない。この三つの問いかけはひとつ間違えば少年法の理念を葬り去ってしまいかねない萌芽を持っているように私は感じる。ていねいな議論を積み重ね、コンセンサスを作る努力をしなければ、少年司法は死滅の道を歩むのではないか。現在、改正法の運用状況をめぐって囁かれる声を聞くと、情けないほど縮こまっており、これでは理念を葬るほうの芽を育ててしまうのではないかと危惧する。

改正法施行後、少年法への市民の信頼が高まったと思えないことが大いに気がかりである。未成年者の重大事件が報じられ、合わせて少年法への疑念や懐疑の声が上がる構造は改正前と少しも変わらない。

そのような雰囲気の中で、二〇〇五年三月、見直し時期を待たずに、少年法等の改正案が国会に上程された。その内容は、十四歳未満の触法事件に関して警察官の捜査権限を拡大強化すること、十四歳未満の少年を少年院送致できるようにすること、遵守事項違反の保護観察少年を少年院送致できるようにすることの三点であった。この法案は、郵政民営化法案をめぐる衆議院解散の中で廃案となった。

少年司法を考えることは、子どもと社会の未来を考えることでなければならない。そもそも少年法は人への信頼を土台に据えた法規である。人は、教育・治療・社会福祉的援助によって変わり、より良い生き方を選択することができるという思想が法の背景にある。

市民が少年法への不信を口にする大きな理由は、人への信頼が揺らいでいることに原因があるように思う。人への信頼をどうすれば取り戻せるか。この課題は翻って、社会の安全に関係する少年司法の担い手に戻ってくる。

ここで私ができる仕事は、少年司法の中に身を置いて経験したこと、感じたこと、考えたことをありのまま多くの人に提供することではないだろうか。そういう観点で、二〇〇〇年改正の柱に沿って、筆を進めたいと思う。

第4章　年齢という問題——二十歳と十四歳

二十歳の線

少年法は、二十歳未満を少年、二十歳以上を成人とする。罪を犯した場合、二十歳を境にして、その取り扱いが大きく異なる。警察、検察で取調べを受けて、被疑事実ありと判断されると、二十歳になる前日までは家庭裁判所に送致される。しかし、二十歳になった日からそうはならない。二十歳になる数日前に家庭裁判所に送致されたものは、家庭裁判所で調査・審判を行う時間がないため、刑事手続きに移さざるを得ないことがある（少年法第十九条第二項、第二十三条第三項）。

非行少年が二十歳の境でよく口にするのは、手続き上の違いではない。「二十歳になって悪いことをすれば、新聞に名前や写真が出る」という話である。これは、少年法の「家庭裁判所の審判に付された少年又は少年のとき犯した罪により公訴を提起された者については、氏名、年齢、職業、住居、容ぼう等によりその者が当該事件の本人であることを推知することができるような記事又は写真を新聞紙その他の出版物に掲載してはならない」（少年法第六十一条）という規定による。

刑事法廷が公開され、法廷に傍聴人席があることは誰でも知っている。それに比べ、家庭裁判所の少年審判は非公開である。

二十歳の境に関しては、「刑務所より少年院がまし」と考える人より「世間の目に晒されるか、晒されないで済むか」を気にする人のほうがはるかに多いのである。

この二十歳という線は絶対的な基準ではなく、あくまで現在の日本で採用されているものである。諸外国では十八歳成人が多く、「子どもの権利条約」の子どもの定義も十八歳未満である。日本でも、旧少年法では十八歳成人であり、二十歳に変わったのは、現行少年法施行から二年経った一九五一年一月一日であった。わずか五十余年の歴史である。

刑事司法と少年司法

刑事司法の目的は「公共の福祉の維持と個人の基本的人権の保障とを全うしつつ、事案の真相を明らかにし、刑罰法令を適正且つ迅速に適用実現すること」(刑事訴訟法第一条)である。

少年司法の手続きに比べると、事件を捜査する機関、公益を代表する機関の権限が大きい。警察による微罪処分、検察官による不起訴処分というものが認められている。裁判所は、検察官から起訴されたものに対してのみ、純粋な判断者という役割に徹して関与する。

検察官が公訴を提起し、地方裁判所・簡易裁判所で裁判が始まる。未成年者が被害者になった場合に児童福祉法などに基づいて家庭裁判所で刑事裁判を行うものもある(少年法第三十七条第一項)。

裁判の開始後まず行われるのが検察官の起訴状朗読である。少年事件では、事件送致により、犯罪を証明する一切の書類・証拠品が家庭裁判所に持ち込まれ、裁判官は家裁調査官に調査を命じる前に記録に目を通す。刑事裁判では裁判開始まで裁判官の手元に何もない。

刑事裁判の最初の焦点は、被告人と弁護人が起訴された罪を認めるか否かということである。否認があれば、事実の有無を証拠に基づいて審理することになる。捜査機関で作成した書類は被告人側が同意しない限り事実を証明する証拠とはされず、法廷で直接、本人や証人を取り調べる。必要に応じて現場検証したり、鑑定を命じたりする。

争点は、有罪か無罪か(事実が証明できているか否か、責任能力があったか否か、緊急避難や正当防衛に当たるか否かなど)、有罪でもどういう罪名に該当するかなどである。罪種によって法定刑が異なるので、どういう罪になるかは被告人にとって大問題である。

罪を認め、罪名の争いもないとき、争点は量刑になる。刑事裁判ではこれが焦点になるものが多い。量刑を左右する情状の審理では、弁護側の証人として、被告人の家族に証言させることにもなる。家族が被告人に対する思いを語る場面は、そこが法廷で弁護人と検察官の質問に答える形式であることを除けば、少年審判で見られる光景と大して変わらない。公開法廷は心情の発露には不適当な場ではあるが。

情状としては、犯罪被害者に対する償いの気持ち、被害補償への努力が大きな意味を持つ。それは検察官の起訴・不起訴の判断においても同様であり、刑事事件では、制度全体として加害者の被害者への対応を促す方向付けがなされている。少年司法は刑事司法に比べると、その方向付けは弱い。

刑事裁判は、検察官の求刑、弁護人の最終弁論で結審した後、裁判官から判決の言い渡しがある。有罪であれば、法に定められた範囲内の刑罰(死刑、懲役、禁錮、罰金、拘留、科料)を科す。少年審判では、犯罪少年に対して有罪であっても保護処分にしないという決定を行うことがあるが、刑事裁判では、有罪の被告人に対して処罰しないという判決を行うことはない。

二〇〇四年、裁判員制度を導入する法律が成立した。二〇〇九年には、一般市民が関与する裁判が行われる。これは、刑事裁判の大変革であり、日本の司法文化を変えていくことになるだろう。少年司法にも影響が及ぶ可能性が高い。

十四歳・十五歳と検察官送致

家庭裁判所は、犯罪少年を少年司法の手続きで処理するか、刑事司法に委ねるかを決めることができる。家庭裁判所が検察官送致決定を行うと、少年法第四十五条第五項「検察官は、家庭裁判所から送致を受けた事件について、公訴を提起するに足りる犯罪の嫌疑があると思料するときは、公訴を提起しなければならない」という条文により、検察官は原則として起訴しなければならないのである。

家庭裁判所が検察官送致する要件は、改正前は次のようであった。

(改正前)少年法第二十条　家庭裁判所は、死刑、懲役又は禁錮にあたる罪の事件について、調査の結果、その罪質及び情状に照して刑事処分を相当と認めるときは、決定をもつて、これを管轄地方裁判所に対応する検察庁の検察官に送致しなければならない。但し、送致のとき十六歳に満たない少年の事件については、これを検察官に送致することはできない。

「死刑、懲役又は禁錮に当たる罪の事件」には、刑法犯では、過失傷害など一部の事件を除くほとんどのものが該当する。改正前の大きい特徴は、十六歳未満の少年を刑事裁判に移すことが認められていなかったことである。

このような制度の下で、家庭裁判所は、少年司法と刑事司法とをどういうふうに振り分けてきたのであろうか。それは**表7**に示すとおりである。

現行少年法が施行された一年目の一九四九年、少年の年齢を十八歳から二十歳に引き上げた一九五一年の検察官送致率が際だって高い。一九五三年から一九六〇年ころまで二パーセント前後で推移し、その後どんどん下がり続け、一九九〇年以降〇・二パーセントの超低率で安定したという経過である。

これは、現行少年法の施行直後の一時期を除き、家庭裁判所が徹底して少年司法を優先する姿勢を貫いてきたことを示すデータである。

表7　一般事件に占める検察官送致決定（刑事処分相当）の率の変化

年	検察官送致率（%）
1949	3.6
1950	1.9
1951	5.0
1952	2.8
1953	2.0
1954	1.8
1955	1.9
1960	2.4
1965	1.5
1970	1.4
1975	0.6
1980	0.4
1985	0.4
1990	0.2
1995	0.2（0.4）
1999	（0.4）
2000	（0.4）
2001	（0.6）
2002	（0.5）
2003	（0.5）

（家庭裁判月報より）

＊1999年から統計の取り方が変わり母数が異なる．1995年は両方の率が分かるが，1999年以降は新しい方法による率しか分からない．
＊交通関係事件を除いた統計である．

改正後、検察官送致は増加したか

改正により、二十条は次のようになった。

少年法第二十条　①　家庭裁判所は、死刑、懲役又は禁錮に当たる罪の事件について、調査の結果、その罪質及び情状に照らして刑事処分を相当と認めるときは、決定をもつて、これを管轄地方裁判所に対応する検察庁の検察官に送致しなければならない。

②　前項の規定にかかわらず、家庭裁判所は、故意の犯罪行為により被害者を死亡させた罪の事件であつて、その罪を犯すとき十六歳以上の少年に係るものについては、同項の決定をしなければならない。ただし、調査の結果、犯行の動機及び態様、犯行後の情況、少年の性格、年齢、行状及び環境その他の事情を考慮し、刑事処分以外の措置を相当と認めるときは、この限りでない。

十六歳未満の少年を刑事処分に委ねることを可能にしたのが第一項である。さらに第二項で「故意の犯罪行為により被害者を死亡させた罪の事件」という特別枠を設けて、「十六歳以上の少年」がその罪を犯した場合、その事件を原則として検察官送致決定するという規定を新設した。これは家庭裁判所の保護優先の姿勢への批判であり、裁判官不信の表れでもあった。

さて、改正後の状況はどうであろうか。最高裁判所は、毎年、改正少年法に関わる統計を公表しており、それでは次のようになっている。

① 十六歳未満の検察官送致決定。**表8**のとおりであり、四年間で五件を数えた。改正論議のとき、この規定が使われるのは神戸児童連続殺傷事件並の事件であろうと囁かれていた。実際は、悪質事案であっても被害者が死亡する事件でないもの、さらには道路交通法違反事件でこの決定が行われている。

② 原則検察官送致決定。**表9**のとおりである。改正法施行一年目の検察官送致率は高いが、二年目、三年目と下降気味であり、平均して六割程度となっている。これに関して、二つの意見がある。一つは、

表8 16歳未満の検察官送致決定

年	事件名・人数・年齢
2001.4 ～2002.3	なし
2002.4 ～2003.3	①強盗強姦・1人・15歳
2003.4 ～2004.3	②③傷害致死・2人(共犯)・各15歳 ④道路交通法違反・1人・15歳 ⑤道路交通法違反・1人・15歳
2004.4 ～2005.3	なし

(改正少年法の運用の概要より)

表9　原則検察官送致の人数

年	総数		殺人		傷害致死		強盗致死	
	検察官送致	保護処分	検察官送致	保護処分	検察官送致	保護処分	検察官送致	保護処分
2001. 4～2002. 3	44 (67.7%)	21 (32.3%)	6	6	30 (68.2%)	14	8	1
2002. 4～2003. 3	45 (51.7%)	42 (48.3%)	4	7	21 (43.7%)	27	6	7
2003. 4～2004. 3	48 (55.8%)	38 (44.2%)	13	7	27 (50.0%)	27	1	2
2004. 4～2005. 3	53 (73.6%)	19 (26.3%)	13	7	18 (72.0%)	7	18	3

（改正少年法の運用の概要より）

＊総数の中には危険運転致死罪，保護責任者遺棄致死罪が含まれる．
＊2000年改正前10年間の平均検送率は，殺人（未遂を含む）24.8%，傷害致死9.1%，強盗致死41.5%であった．
＊公表されている最高裁の統計は累積数であり，本表は年度ごとに算出し直したものである．

少年の殺人・傷害致死事件は未熟さが起因しており、条文のただし書に当たるものが多く、むしろ高率に過ぎるという主張。もう一つは、原則逆送という条文を重く受け止めた結果とは言えないという主張。法改正前後の変化を見るのに一番適当な指標は「傷害致死事件」である（殺人事件は、改正前の統計に未遂事件が含まれており、比較が困難）が、**表9**のとおり、改正前の九・一％に比べ、改正後どの年度も大幅にアップしている。このことから、厳罰化が進んだととらえるのが客観的評価というものであろう。

それでは、改正法が少年司法全体を厳罰の方向に導いたのであろうか。

一般事件の検察官送致率は、**表7**のとおりであり、改正法施行前後でほとんど変化はない。だが、**表10**の統計を見ると、保護処分率、少年院送致率は、一九九〇年代後半から顕著に上昇している。身柄拘束されて家庭裁判所に送致される数も同様である。その上昇を厳罰化と言うかどうかは議論があり、対象者の問題状況を反映したものであるという考えもあるだろう。

実務の中にずっと身を置いていた者の感覚であるが、法改正に先駆けて、その十年くらい前から、家庭裁判所の少年に対する姿勢が厳しい方向へと、少しずつ変化してきたのは間違いないように思う。

表10　一般事件の身柄付送致・保護処分・少年院送致の率の変化　（%）

年	身柄付送致	保護処分率	少年院送致率
1990		13.3	3.0
1991		14.4	3.3
1992		15.1	3.6
1993		16.0	4.0
1994		16.7	4.1
1995	12.7	20.1	4.4
1996	14.1	22.7	5.0
1997	15.6	24.4	5.6
1998	17.2	26.1	6.0
1999	19.0	27.8	6.4
2000	22.0	31.5	7.2
2001	21.3	30.2	6.8
2002	20.6	29.0	6.4
2003	21.4	29.2	6.4

（家庭裁判月報より）

＊身柄付送致とは，家裁が事件を受けるとき少年が身柄を拘束されているものである．

＊1990〜1994年の身柄付送致率の統計は1995年以降の統計手法と異なるため比較できる数字がない．

裁判官も、家裁調査官も、若手ほど非行少年に厳しく、その厳しさも加齢とともに和らいでいくというものではないように感じる。私の年代辺りがその境目のようである。

事例・二十歳の線の不合理

年齢に無理矢理引いた線は、実際のケースで、難しい状況を引き起こすことがある。少年Pの事例を見てみよう。

二十歳のNとO、十九歳のPの三人は中学校時代からの知り合いであった。三人は、別の仲間との窃盗事件などにより、過去、家庭裁判所の審判で保護観察決定を受けたことがあった。

その後も三人の生活は改まらず、転職を繰り返した挙句、しばしば無職の状態になり、そういうときはほとんど毎夜遊び回った。小遣い稼ぎのため、深夜自動販売機を壊して金を盗み、駐車中の乗用車のドアを細工した針金の道具で開けて金を盗んだ。

そのうち、Nが暴力団員といざこざを起こし、まとまった金を用意するよう脅された。焦ったNはOとPに協力させて、深夜無人になった店舗や事務所のドアをバールでこじ開けて、レジや金庫から金を盗もうと考えた。この盗みはなかなかうまく行かず、ドアが開かなかったり、中に入っても金が見つからなかったりすることが多かった。しかし、一度で数十万円の現金が手に入ることもあった。

何度か繰り返しているうちに、三人とも窃盗未遂で現行犯逮捕されてしまった。約半年の間に、窃盗、窃盗未遂の事件を数十件引き起こしていた。盗んだ物に加えて相当多くの物を壊しており、被害金額は数百万円に上った。

逮捕後、NとOは身柄拘束のまま、検察庁から地方裁判所に公判請求された。未成年者のPは家庭裁判所送致となり、少年鑑別所に入所した。

Pは気が弱く、仕事が続かないのはちょっとしたつまずきを乗り越えられないためである。暇を持て余していたとき、Pに声を掛けてきたのがNとOであった。Pはこの二人と気が合うわけではなかったが、裏世界で幅を利かしている印象の二人といると心地よく、行動を共にした。

少年鑑別所で生活するPは、すっかりしおれていた。Pの親は多額の借金を抱え余裕のない生活ぶりで、Pのことどころでない様子であった。

私は、ここでPに少年院教育が必要であると考えた。それを両親に話したところ「ぜひそうしてほしい」と口をそろえた。

成人のNとOの家庭には経済力があった。二人が親に更生を誓ったことから、二人の親は弁護士に依頼し、盗みで壊した自動販売機、乗用車、店舗や事務所の所有者と示談交渉を始めた。親の誠意は被害者に伝わり、中に「嘆願書」を書く被害者もいた。二人には執行猶予付の判決があるだろうと予想された。

このような情報はPの耳にも入った。Pは私に「検察官送致にしてほしい」と言った。私は、Pに矯正教育が必要であると確信し、「中等少年院送致決定相当」という意見を書いた。しかし、主犯格である成人二人のほうが早く社会に戻ることをPが受け入れられないのではないか、納得できない気持ちが少年院教育のマイナス要因になるのではないかという迷いが生じた。

審判で、裁判官は検察官送致決定を選択した。

少年審判の処遇選択で、共犯者間の処分の均衡という問題は難しい。一人ひとりの要保護性は異なるのであり、均衡を取ることは処分決定の理由にはならない。だが、あまりに均衡を失した場合は保護処分を受ける少年の更生への意欲を削ぐ。保護観察も少年院教育も、対象者がその処分を前向きにとらえる気持ちがなければ、成り立たない。

Pの事例は、裁判官の決定が妥当だったのかもしれない。三人は全員、いったん執行猶予判決で社会復帰したが、執行猶予中の再犯のため、結果として将来、全員が服役するところとなった。そういうとき、Pがあの時点で少年院に入っていたら同じような展開になっただろうかと考えるのである。

未成年者を成人並みに扱うことはできるが、逆の方向はない。二十歳の線がどれほど妥当性のあるものだろうかとよく思う。

なぜ十四歳か

年齢に引かれた線で、二十歳と並んで、いや考えようによっては、二十歳より重大な区切りが十四歳である。

十四歳の線については、第1章でも引いたが、刑法の次の条文にその根拠がある。

刑法第四十一条　十四歳に満たない者の行為は、罰しない。

事件を起こした者が十四歳未満であれば責任能力がなく、犯罪を成立させる要件に欠ける。犯罪でないため「触法」と呼ぶ。重篤な精神障害で心神喪失の判断が下された場合も、犯罪ではなく「触法」である。

事件が起きたとき、犯人が何歳かは分かっていないことが多い。事件の実行者が十四歳未満であろうが、十四歳以上であろうが、警察は、それが誰なのかを含めて犯罪の事実を明らかにする捜査を行う。ただ、容疑者が十四歳未満の場合、刑事訴訟法上の逮捕や勾留などができず、捜査の方法は限られてくる。

警察の取調べが終了した後の取り扱いは、十四歳を境に大きく異なる。十四歳以上の少年の場合、その全事件が家庭裁判所に送致される。

十四歳未満は、警察から直接司法手続きに乗せられることはない。警察では、少年に二度と触法行為を繰り返さないように説諭し、保護者によりよく監督するように促す。これが「少年の非行の防止又は少年の福祉を図る」(少年警察活動要綱第二十条)補導活動である。

警察は、触法行為のあった少年が「要保護児童」(児童福祉法第二十五条)に該当すると判断した場合、児童相談所に通告する。触法行為で取り調べた少年で児童相談所に通告されるのは、都道府県によってばらつきがあるが、平均すると補導人数全体の二〜三割と推定される。多くの触法少年については、警察の補導活動で手続きすべてが終了してしまう。

このことから、十四歳未満の非行少年の取り扱いの中心機関は児童福祉であるはずだが、実際は警察ではないかという考えも成り立つ。

さて、十四歳の線はどれくらい妥当なのであろうか。

二十歳の線と違い、世界の多くの国で、責任能力の有無の境は十四歳とされている。この制度が日本で確立したのは一九〇八年で、二十歳の線の歴史より古い。ただ、それ以前はひどいもので十二歳以上では監獄に、八歳以上では監獄の中の懲治場に収容されることがあった。

児童相談所は何をするか

触法少年に対して、児童相談所はどういう取り扱いをしているのであろうか。

通告に際して、触法事実を証明する必要はないため、警察から児童相談所に送り届けられる書類には、少年の氏名・生年月日・住所・学校名、保護者の氏名・生年月日・住所・職業、触法事実の内容が記載されていれば足りるということになる。通告書類の中身は都道府県によってまちまちの現状であり、全国どこでも同じような形式の書類が作られて家庭裁判所に送致される犯罪少年とは大きく異なる。

児童相談所は限られた情報しかないところから、触法少年と親に関わることを余儀なくされる。親子が児童相談所に進んでやって来て、自ら非行の原因、本人や家庭の問題を話すなら適切な助言や指導もできるであろう。
呼んでも来ないことがあり、やって来ても逃げ腰で内容のある話をしないことが多い。まして「事件をやっていない」、「警察のほうが間違っている」などと主張を始められると、対処法はなく、その真偽の追求を行うことは困難である。

このことで児童相談所を責めるのは酷である。児童相談所は、触法少年に対して、しつけ・養育・障害など福祉的ニーズを持った対象者に接するのと同じように受容的な姿勢で指導助言するのが特徴であり、良さである。

児童相談所の仕事は調査(心理・医学診断、社会診断)に基づく判定である。必要に応じて、一時保護を行い、家庭から切り離すこともある(多くは児童相談所に付設された一時保護所に入所させる)。児童相談所が採る措置は次のとおりである(児童福祉法第二十七条第一項)。

(①〜④は児童福祉法の条文の用語と異なる部分がある)

① 少年とその保護者に訓戒を加え、誓約書を提出させる。
② 児童福祉司等に指導させる。
③ 里親に委託する。児童養護施設・児童自立支援施設等へ入所させる。
④ 家庭裁判所に送致する。

①〜③は児童福祉の枠内で問題解決を図る方法である。③の措置は親権者・後見人の意に反して行うことはできない（児童福祉法第二十七条第四項）とされ、児童福祉の方法の最大の特徴となっている。④の措置は児童福祉から少年司法へケースを移すことである。

児童福祉と少年司法

児童福祉法の理念「児童が心身ともに健やかに生まれ、且つ、育成される」（児童福祉法第一条）、少年法の目的「少年の健全な育成」（少年法第一条）、教育基本法の目的「自主的精神に充ちた心身ともに健康な国民の育成」は同一基盤にあるものと考えられる。

児童福祉と少年司法の目標が共通していることに注目したい。二つは、社会的に放置できない年少者について、保護者に協力を求め、保護者を支援し、ときには保護者から切り離して代替者に養育監護を委ねることにより、成長発達を促そうとする社会機関である。このような仕事を「社会的養護」と呼ぶ。

社会的養護の中心機関は児童相談所であり、少年司法はそれを補う役割を果たす。少年院は、人の成熟のぎりぎりの段階で教育に取り組むことから、社会的養護の最後の砦と言えるかもしれない。

法への抵触が問題になる場合、十四歳以上を少年司法が、十四歳未満を児童福祉がそれぞれ優先して取り扱う。虞犯が問題になる場合、十八歳以上は少年司法、十四歳未満は児童福祉であり、十四歳以上十八歳未満は両方が取り扱うことができる。

次の条文は、児童相談所が、少年司法が取り扱うにふさわしいと考えたケースを家庭裁判所に移すことができる規定である。

少年法第三条　②　家庭裁判所は、前項第二号に掲げる少年(触法少年)及び同項第三号に掲げる少年(虞犯少年)で十四歳に満たない者については、都道府県知事又は児童相談所長から送致を受けたときに限り、これを審判に付することができる。

(( )の用語は筆者が挿入したもの)

児童相談所が家庭裁判所に送致する件数の動向を**表11**の左欄に示した。

一方、家庭裁判所は、次の条文により、触法少年・虞犯少年に限らず、犯罪少年についても、その処遇を児童福祉に委ねることができる。

表 11　児童福祉と少年司法の関係を示す統計　（人）

年	家庭裁判所の受理		家庭裁判所の決定	
	知事・児童相談所長からの送致		知事・児童相談所長への送致	児童自立支援施設・児童養護施設への送致
	強制	非強制		
1990	79	216	267	354
1991	73	154	261	337
1992	57	146	210	292
1993	38	157	177	288
1994	58	155	169	254
1995	42	148	151	267
1996	42	164	155	270
1997	67	155	145	288
1998	69	223	169	339
1999	69	247	183	326
2000	90	315	191	379
2001	84	271	144	371
2002	77	280	183	335
2003	66	270	177	352
（参考）	年間全受理事件に対する割合は，0.1％程度である．		年間全決定事件に対する割合は，知事・児童相談所長送致が0.2％程度，児童自立支援施設送致が0.4～0.5％程度である．	

（家庭裁判月報より）

＊「強制」とは強制的措置（123ページ参照）の申請であり，「非強制」とは触法・虞犯少年の送致である．

少年法第十八条 ① 家庭裁判所は、調査の結果、児童福祉法の規定による措置を相当と認めるときは、決定をもつて、事件を権限を有する都道府県知事又は児童相談所長に送致しなければならない。

家庭裁判所が児童相談所長等へ送致する件数の動向を表11の右欄に示した。

二つの統計から、児童福祉から少年司法へ、少年司法から児童福祉へのケースの移動が非常に少ないことがわかる。お互いの機関の自己完結性が相当に強いのではないかと推測できる結果である。

二十歳に比べると、十四歳の線は法律の上では柔軟性を持つ。しかし、実務の上でそれが生かされていない。お互いへのケースの移動はこの程度でいいのだろうか、何らかの障害によってこの程度に留まっているのであろうか。

児童自立支援施設のかかえる問題

児童自立支援施設は児童福祉施設であるが、保護処分として家庭裁判所が送致を決定することができる。ただ、家庭裁判所の決定で入所しても、入所後の措置の変更、停止や解除の権限は児童相談所にあり、この決定は結果として、少年を児童福祉の領域に委ねることになる。ここ数年間の決定人数は**表11**の右欄のとおりである。少年院送致の人数より少ないが、全国の児童自立支援施設の在籍人数がこの数年二〇〇〇人足らずであることを考えると、施設にとって家庭裁判所の審判で入所する少年は無視できない存在である。

児童自立支援施設は、子どもの収容施設としては非常に歴史が古く、監獄の中の子ども（前述のように八歳以上の子どもは監獄の中の懲治場に入れられることがあった）や監獄を出て引取り手のいない子どもを救うために生み出された。もっとも古いのは一八八三年に作られた大阪の私立施設である。一九〇〇年に「感化法」という法律が成立し、一九〇三年に第一号の県立施設が作られている。感化院、少年教護院、教護院と名称を変え、一九九八年の児童福祉法改正で児童自立支援施設となった。

この施設は「不良行為をなし、又はなすおそれのある児童及び家庭環境その他の環境上の理由により生活指導等を要する児童を入所させ、又は保護者の下から通わせて、個々の児童の状況に応じて必要な指導を行い、その自立を支援し、あわせて退所した者について相談その他の援助を行うことを目的とする」（児童福祉法第四十四条）ところである。少年院とは性質を異にし、開放処遇を行う。そのため、入所した子どもの無断外出が避けられず、どんな優れた処遇を行っている施設でも、それをゼロにするのは困難である。

全国五十八施設のうち、五十が都道府県立、そのほか国立二、市立六、私立二という内訳である。施設の運営のしかたとして、伝統的な「家庭学校」方式(夫婦職員が小規模な寮舎に子どもを預かり疑似家族の中で指導を行う)と寄宿舎方式(職員の交替制勤務で寮舎で生活する子どもの指導を行う)とがある。夫婦職員の確保の困難さから前者を後者に切り替える流れが止まらず、前者は二十前後に減った。定員いっぱいの入所者を抱える施設と大幅な定員割れを起こす施設に二分される現象が生まれ、また、一九九八年改正の児童福祉法では学校教育の導入が義務付けられたが、いまだに施設職員が教科指導を行っている施設もある。

このように施設ごとの違いは大きく、明らかに問題のある施設が存在する。その改善が思うように図られないのは運営主体のほとんどが自治体であるためであろう。国立の少年院のように運営や処遇の方法を平均化することは容易な作業ではないのだ。子どもの問題がこれほど騒がれながら、児童自立支援施設がうまく活用されているとは言えない現状である。

この施設には、自由度の高い特徴を生かし、また運営主体がさまざまであることをむしろ強みにして、いい意味の個性化を図ってほしい。少年院にできない心の奥底に根ざす問題の解決、全人的な能力開発、こじれきった親子関係の修復、虐待と非行とのリンクを断ち切る指導などが児童自立支援施設の課題ではないだろうか。

二〇〇五年七月、この施設のあり方を検討する研究会が厚生労働省に発足した。この施設の持つ可能性を十分に引き出す意見交換を期待したい。

強制的措置の選択

児童自立支援施設の指導の中で、強制的措置がとられることがある。現在、その措置をとることが可能な施設は国立武蔵野学院(男子専用)と国立きぬ川学院(女子専用)に限られている。強制的措置を規定した少年法の条文は次のとおりである。

少年法第六条　③　都道府県知事又は児童相談所長は、児童福祉法の適用がある少年について、たまたま、その行動の自由を制限し、又はその自由を奪うような強制的措置を必要とするときは、同法第三十三条(一時保護)及び第四十七条(児童福祉施設の長の親権による懲戒を含む児童の福祉のため必要な措置)の規定により認められる場合を除き、これを家庭裁判所に送致しなければならない。

(( )内の用語は筆者が挿入したもの)

少年法第十八条② 第六条第三項の規定により、都道府県知事又は児童相談所長から送致を受けた少年については、決定をもつて、期限を附して、これに対してとるべき保護の方法その他の措置を指示して、事件を権限を有する都道府県知事又は児童相談所長に送致することができる。

この規定が設けられたのは、戦後の児童福祉法・少年法の制定時に、児童福祉の対象者の中に、施設逃走を繰り返す、生活を共にする子どもを傷つける、自殺を繰り返し試みるなど、その身体的自由を制限せずに処遇することが困難な者がいることが経験的に知られていたためである。したがって、この措置は対象者の福祉をまっとうするためのものである。

強制的措置の申請の多くは、児童自立支援施設に入所中の子どもが何度も無断外出を繰り返し、指導を続けられないときに行われる。申請を受理すれば、家庭裁判所は犯罪・触法少年と同じように調査を行い、審判で強制的措置を付けるかどうか、付ける場合その期間などを決定する。この決定は、男子も女子も関東地方にある国立施設に入所させる結果になるため、施設から遠い地方の場合、家庭や地域との結びつきを弱め、家族との修復や地域社会への復帰につながらないという処遇上の悩みが生ずる。

十四歳未満の少年が殺人事件を起こしたことで、この措置が話題になった。事件が重大で、地域の感情、マスコミの取材攻勢などから開放処遇の地方の施設への措置は困難であり、強制的措置により国立施設に入所させるという方法が選択されたようである。二〇〇三年、二〇〇四年にそのようなケースが相次ぎ、いずれも異例に長い期間の強制的措置が認められた。二〇〇三年入所の少年については、二〇〇五年秋その期間がさらに延長された。このような強制的措置は、社会の安全(危険な少年を拘禁しているという社会へのアピール)のための決定のように思われる。

しかしその決定を批判するなら、こういう少年を初等少年院か医療少年院に送致できるように法改正すべきであるという意見が生まれる。現行の少年院法では十四歳未満の少年院送致を認めていないからである(少年院法第二条第二項・第五項)。実は、二〇〇五年に廃案になった改正案は十四歳未満の少年院送致を可能にするものであった。

十四歳未満の少年の殺人のような取り返しのつかない事件を社会がどう扱うか。これは、たいへんな難問である。

事例・十三歳と十四歳の少年グループの非行

十四歳の線からくるジレンマの典型例を紹介しよう。

同じ中学校の二年生Q、R、S、T、U、Vの六人は、校内の不良グループのメンバーであった。リーダーはQ、サブリーダーはRである。このグループは教師の前ではおとなしかったが、陰で同級生・下級生に威圧的な態度を示していた。

ある日、Vが一年生の男子にからかわれた。QとRはVからその話を聞き、これを放っておくとメンバー全員が下級生から馬鹿にされると考え、その一年生を学校近くの空き地に連れ出し謝らせることにした。

やって来た一年生は、謝るどころか、突っ張って生意気な態度をとり、途中から言い合いになった。Qが「切れた」状態で一年生に殴りかかり、それが呼び水になってRも加勢し、二人で押し倒して六人全員でたたいたり蹴ったりした。

目撃した老人が警察に通報したので、六人はその場から散り散りに逃げたが、一年生は気を失ってしまっていた。運ばれた病院で、擦り傷や打ち身のため、治療に最低二週間かかると診断された。

R、S、T、Vは十四歳、QとUは十三歳であった。全員が警察署で調書を取られ、また警察官に現場に連れて行かれて、暴力の状況を説明させられた。警察の取調べが終了すると、十四歳の四人は、検察庁を経て、傷害事件として家庭裁判所に送致された。

四人は家庭裁判所の調査を受けた。四人とも生活状況が不安定で再非行の危険性が高いと判断され、より問題の大きいRは「試験観察」、Rに比べるとやや問題の小さいS、T、Vの三人は「保護観察(一般短期の処遇勧告)」の意見がまとめられた。

QとUは、警察から児童相談所に触法児童として通告された。

Uの保護者は問題意識が強く、親子で定期的に児童相談所に通い、児童福祉司の指導を受けるようになった。

リーダーのQは、父親のみのひとり親家庭であった。呼び出しを受けたので、一度は親子で児童相談所に行った。児童福祉司はQの予後に大きな不安を感じ、定期的に面接を行うことにしたが、Qはその指示に従わなかった。Qは気が向いたときだけ登校し、校内では教室に入らず廊下をうろうろした。夜遊びが続き、地域の暴走族とつき合い始めた。父親は、若いときは誰でもやんちゃをするものだと気楽に受け止め、学校や児童相談所に協力しようとしなかった。

謝罪と治療費の支払いのため、Qを除く五人の保護者はそろって被害者の家を訪ねた。Qの父親は「弁償額が決まれば六分の一は払う」と言い、被害者や親に会おうとしなかった。

困ったのは中学校教師である。六人グループの十四歳と十三歳とで取り扱いが分かれ、一番指導の必要なQが児童相談所の指導に従わない。これをどう指導をしていいか考えあぐねていた。五人の親はQやQの父親に強い不満をもらし、わが子の生活が良くならないのはQのせいだと攻撃した。五人の少年たちも気持ちのどこかに不公平感を持っていた。

裁判官は「割り切ってやるしかない。Qもいずれ事件を起こして家庭裁判所に来ることになるだろう」と言い、四人の少年の処分を家裁調査官の意見どおりに決定した。

このケースでは、児童相談所がQとUを家庭裁判所に送致し、家庭裁判所が六人全員を審判する方法が採れないわけではない。逆に、家庭裁判所がR、S、T、Vを児童相談所長に送致し、全員を児童相談所で指導する方法も不可能ではない。

だが、取り扱いの均衡を考慮して、児童福祉から少年司法へ、少年司法から児童福祉へケースを移すようなことはない。児童福祉で解決がつかなくとも、まもなく十四歳になるからと時間待ちをすることが多い。実際、Qも十四歳になってまもなく別件の非行で家庭裁判所に送られてきた。

だが、十四歳は柔軟な線である。時間待ちをせず、ケースのために何が最善かをもっとよく検討しなければならないのではなかろうか。十四歳前後の少年にとっては、数か月がその後の人生の方向を決めることだってある。「大人時間」でものを考えるのはよくない。

責任をめぐって

少年司法への攻撃に、責任という言葉がよく使われる。少年司法は少年に犯罪の責任を追及していないし、保護者にも子どもの監督責任を自覚させていないと言う。

二〇〇〇年改正で、審判の方式を「懇切を旨として、和やかに行う」だけでなく、「自己の非行について内省を促すものとしなければならない」(少年法第二十二条第一項)という言葉が加えられた。さらに、保護者に対して「少年の監護に関する責任を自覚させ」(少年法第二十五条の二)る措置をとることが明記されたのである。家庭裁判所の姿勢を優しさ一辺倒でなく厳しい方向に変化させたいとする立法部からの強いメッセージであったと受け取められる。

ところで、責任とは何だろうか。二つの意味が考えられる。

一つは、犯した罪に対して法に定められた枠内の社会的制裁を受けること、言い換えれば法令に基づいて裁判官が決めた刑罰を受けることである。

もう一つは、被害者が存在する犯罪では、被害者に謝罪や弁償などを行うことである。

では、犯罪者に責任を自覚させるという点で、少年司法は刑事司法より劣っているのであろうか。

刑事司法は対象者の心の内側を問題にしない。刑事司法では、不起訴処分や減刑を勝ち取るため、被告人が被害の回復に努力することが多く、家族・親族が力を合わせて有り金を集め、資産をはたいて賠償金を作ることさえある。ただ、そこでは心から被害者にわびる気持ちがあるかどうかは問われない。問題は形が整うかどうかということである。

最近になってやっと累犯者の治療教育の必要が叫ばれ、刑務所がその役割を果たすよう方向付ける法改正があった(刑事施設及び受刑者の処遇等に関する法律)。しかし、この課題の達成を本気で考えるなら、専門的処遇を行うため刑務所に多数のソーシャルワーカーやセラピストを配置しなければならない。現在の日本にそれだけハイコストなシステム作りをする覚悟があるのだろうか。

責任の問題で、刑事司法に比べて少年司法のほうに世間の目が厳しいのは、被害者への対応が不十分であることへの非難だけでなく、目的が「健全育成」であるため、それが達成されるなら被害の回復にも努力がなされるはずだと考えるからだろう。被害者を死なせた少年が少年院に収容され、矯正教育を受けて社会復帰したのに、遺族のところに謝罪に来ないし、金銭的補償にも消極的であると言われる。責任を取る姿勢がないということは、矯正教育の目的はまったく達成できていないということだと批判されるのである。

少年司法は機関を挙げて非行少年に「心の底から責任を自覚する」方向のはたらきかけを行い、中でも少年院はそこに焦点を当てた集中教育を行っている。少年たちが少年院出院時にそれなりの覚悟を持って社会に復帰することは間違いない。だが、人を死なせたような罪の償いを具体的行動に移すことは、しっかりした保護者がいても並大抵のことではない。家庭に力がない場合は絶望的と言っていいほどである。

環境面のハンディーを抱えた少年に、被害者への謝罪、被害の補償への努力を継続して実行させるためには、施設教育を終えて社会に復帰した後も専門機関が援助を続ける必要があり、社会もそれを支援していかなければならない。

年齢と責任

年齢に引いた二十歳と十四歳の線の妥当性を責任との関係で検討してみたい。この検討は、将来の日本を展望しつつ社会の中で若者をどう位置づけるかを考えながら、行われなければならない。私にそれだけの力量があると思えないが、二十八年間の家裁調査官の経験から語ってみよう。

まず、二十歳の線である。

現在の日本には、性急な社会と間延び社会が同居する。

性急な社会の住人は、学業を中学半ばで投げ出し、卒業後就職し、転職を繰り返す。十代で結婚し、子どもを持つ。その中でしっかりした生活を築く者もいるが、非行・犯罪に走ることもある。彼らは好むと好まざるとにかかわらず、十代半ばに大人社会に仲間入りさせられてしまう。

一方、間延び社会の住人は、二十歳をはるかに超えて三十歳ころまで進路を決められず、就職してもフリーターで親の扶養を当てにした生活を続ける。自分の責任で家族を形成する意欲を持たない。彼らは大人社会に入ることを拒絶しているように見える。

このような若者社会の分裂は、社会の主権者を育てるという観点から大きな問題であるように思う。大人社会への参加が早過ぎることも、遅過ぎることも、本人にとっても社会にとっても不幸なことである。

成年するとは、社会の一員として迎えられ、権利が与えられる代わりに、責任も義務も果たすということである。責任と義務のみではまずいであろう。少年法の保護が外れる年齢は、公選挙法上の選挙権、民法上の権利を取得する年齢であるべきであろう。

日本社会の現状から、成年は二十歳でもまだ早いという意見が出てくる。現在、二十歳で経済的自立を果たしている者は少数である。だが、支援や援助が必要であることと主権者たり得ないということは別問題である。

それでは、何を基準に成年する年齢を決めればいいのであろうか。医学、生理学、心理学、教育学、社会学など専門領域でそれぞれの見解があるかもしれないが、私は家裁調査官の経験から考えるしかない。

年齢と非行を観察すると、ある年齢を境に非行の量と質は変化する。第3章で述べた犯罪白書の統計で、非行が多いのは十四歳から十六歳までで十七歳から減ってくることが確かめられた。私の実感では、男女で若干年齢差があり、ピークを超えるのは男子は十八歳、女子は十七歳である。

また、罪種を十四・十五歳(年少少年)、十六・十七歳(年中少年)、十八・十九歳(年長少年)で比較すると興味深い。一般事件の中で窃盗の占める割合が年少・年中少年で約五〜六割であるのに比べ、年長少年では約四割である。また、覚醒剤取締法違反の割合を、年少・年中少年と年長少年とで比較すると、後者は高率であり、大きな差がある。年長少年の犯罪種別は年少・年中少年と異なり、成人に近づくと考えられる。

まず二十歳の線であるが、私は、二十歳成年はやや遅く、十八歳という国際標準に改めたほうがいいのではないかという意見を持つ。ただ、知的障害や精神障害などハンディーを持った若年成人の犯罪者には、成年後も刑事司法から少年司法にケースを移す方法があったほうがいいのではなかろうか。また、刑事裁判においても、必要に応じてソーシャルワーカーの援助が受けられる制度を創設すべきであろう。

次に、十四歳の線である。十四歳になると刑事責任を問われ、二〇〇〇年改正後は刑罰を受けることさえありうることになった。しかし、表面的な責任追及より、責任を負う力を持った主権者の育成を優先させるという少年法の思想は生きている。何歳で自らの行動に責任を持つことができるかは個人差があり、十四歳は相当に発達の遅い子を基準にしているのではないかという批判がある。事件の結果があまりに重大な場合、それほどのことをやったのに責任がないということは許せないという考えも当然あるだろう。しかし、責任を負う力を育てるという観点に立つと、責任が有るか無いかというだけでなく、十四歳の線を少し違った角度で見ることが可能になる。十四歳未満は児童福祉で、十四歳以上二十歳未満は少年司法で、何が何でも対応しなければならないという考えには賛成できない。児童福祉と少年司法が補い合って社会的養護をまっとうすべきである。そのためには、十四歳の線を児童福祉と少年司法の間では柔軟に解して、監護に欠けた問題を有する少年のために、より適切な機関が、あるいは両機関が力を合わせて、対処することが求められる。すなわち、児童福祉と少年司法とが、一人ひとりの少年の個性と発達状況に合わせ、協力体制を組むということである。責任を負う力を育てるというのはそういうことではないだろうか。

今まで少年司法は、一人ひとりの少年の成熟度に合わせて責任という問題を考えてきたであろうか。私は長く少年司法に身を置いた専門職の一人として、そこを大いに反省している。非行少年を一括りにして、中学生にも、高校生にも、十八・十九歳にも同じような手法で調査を行ってきた。最近の少年司法への非難はそういう姿勢に向けられているように思う。

児童福祉にも同じ反省があっていいのではなかろうか。十四歳未満のケースワークだから、責任という問題を考慮しなくていいということにはならない。刑事責任がないことは責任を考えられないということではなく、人を育てることを放棄していいということでもない。やはり、一人ひとりの成熟度に応じて、本人に起こした事件の責任が理解できるよう可能な限りのはたらきかけを行うことが大切である。

第5章　真実を発見する——少年事件のむずかしさ

無免許運転の疑いをかけられた少年

家庭裁判所に送致された十六歳のWの道路交通法違反事件は、警察官の作成した書類には、次のように書かれてあった。

少年Wは、公安委員会の運転免許を受けないで、平成○○年五月十四日午前一時三十分ころ、○○市○○町○○××番地付近道路において、第一種原動機付自転車(登録番号○○市○××—××)を、乗車定員一名を超過した二名を乗車させて、運転したものである。

Wにとって、これが家庭裁判所に送致された初めての事件であった。

初回の無免許運転事件の数は非常に多いため、多くの家庭裁判所では「集団処理」という方法を採用している。それは、同一期日に二十人程度の少年と保護者を家庭裁判所に呼び出し、短時間の調査面接を行い、送致事実を少年が認め、要保護性に問題がないと判断した場合、その少年と保護者を無免許運転少年対象の交通講習会に参加させ、その後、「審判不開始」決定か「不処分」決定を行うものである。交通講習会が家庭裁判所の行う保護的措置になる。

交通講習会に参加する対象者は、講習のほかの参加者に迷惑を掛けるようでは困るのであり、少なくとも真面目に講師（家裁調査官）の話を聞き、講習後「もう二度とやらない」と考えるくらいの素地が必要である。

「集団処理」に回すか、通常の調査（個別）を行うかの選択をインテークと呼び、ベテランの家裁調査官がその仕事を行う。警察から送られた事件記録からどんな無免許運転であったかを把握し、そこから少年の問題性を推測して、判断することになる。

Ｗの事件は非常に問題が感じられるものであった。

Ｗは、無免許で二人乗りして原付を走らせていたところを、夜間パトロールの警察官に見つかり、その停止指示を無視して約二キロ逃走した。その挙句、原付を転倒させてしまった。幸い二人ともけがはなかった。Ｗは逃走し、後部座席のＸ（十七歳）は逃げ遅れて補導された。Ｘの供述で、その原付を運転していたのは逃げたＷであることが判明した。Ｗの運転する原付は二台の自動二輪車といっしょにジグザグ運転、広がり走行、信号無視をしており、規模は小さいが暴走族のような走り方であった。Ｘは保護観察中であり、いっしょに走っていたほかの仲間にも前歴があった。Ｗの交友関係は悪いようであった。

インテークにより、Wは通常の調査に回された。私が担当することになり、六月十六日にWと保護者を家庭裁判所に呼んだ。

「俺、運転してなかった」

私は、Wと母親を同席させ、約三十分間、送致された事件のこと、最近の生活ぶりなどを聞いた。

Wは気の弱そうな印象であった。高校に進学したが、自宅からその学校まで遠いことから登校を嫌がるようになり、一年の二学期半ばで退学した。退学するとき、高校をやめたら仕事をすると言っていたが、何度面接を受けても採用してもらえないためあきらめ、遊び回るようになった。Xやその仲間と急に親しくなり、この二か月ほどは夜遊びのため明け方近くに帰宅することを繰り返していた。

母親はWの行状に困り果てていた。父母共働きの家庭で、昼間自宅で寝て、夕方から明け方まで外出するWと言葉を交わす機会もなかった。誰と交際しているのかもほとんどわからなかった。

Wは、生活や家庭の質問には何でもよく答えたが、無免許運転の話になると口が重かった。

Ｗはそれほどバイク好きとは思えず、仲間との付き合いから無免許運転していたのだろうかと思った。私が「無免許運転で捕まると一年間免許試験を受験できないよ」と話しても、「構わない」という反応だった。私はＷの処分として「交通短期保護観察」が適当と考えた。Ｗの事件への反省は薄く、生活を変えようという意欲が乏しいと思われたからであった。

面接の最後に、近いうちに裁判官の審判があること、調査担当者として「交通短期保護観察」の処分が必要だと考えていることを説明した。母親は「よろしくお願いします」と言い深々と頭を下げたが、Ｗは「えっ」と意外そうにつぶやき「また呼ばれるの」と言った。

私が「保護処分にするかどうかは裁判官が決めるから審判があるんだよ」と付け加えても、納得がいかない様子で何か言いたそうであった。母親が側にいるから言いにくいのかもしれないと思い、母親に部屋から出てもらい、Ｗに「言い残していることがあるなら、何でも話してくれたらいいよ」と水を向けた。

Ｗは「俺、原チャ(原付のこと)、運転してなかった」とぽつりと言った。

事件記録から

Ｗの起こしたとされる道路交通法違反事件の記録には次のようなものが綴ってある。

①　送致書

少年の氏名・生年月日・本籍・住所・職業、保護者の氏名・年齢・住所・職業、非行事実、捜査機関の意見等が記載されたもの。

②　捜査報告書

検挙に至った経過が詳細に記載されたもの。パトロール中の警察官が暴走族風の数台の二輪車が違反走行しているのを目撃したこと、停止を求めたこと、逃走した原付を追尾したこと、転倒したW運転の原付を発見してXを補導したことが綴られている。逃走経路を示す地図が添付される。

③　原動機付自転車に関する資料

W運転の原付の所有者を特定する資料。Xの友人○男から借りたもので、所有者はその○男の父親であった。車両の登録票、原付の写真が添付される。

④　Wの供述調書

五月二十三日にWが警察官に語ったことが書類になったもの。最初に「取調官から黙秘権の告知を受けた」旨の記載がある。最後に「警察官から読み聞かせをしてもらったところ間違いがなかった」と書かれ、その後にWの署名と拇印があった。

⑤Xの供述調書
　五月十六日にXが警察官に語ったことが書類になったもの。

⑥Xの友人○男の供述調書
　五月二十四日に○男が父親所有の原付をXに貸した経緯を語った内容が書類になったもの。

⑦Wの非行前歴の調査結果
　警察が家庭裁判所に電話でWの非行歴を聴き取ったもの。非行歴はないとの回答であった。

⑧Wの身上調査報告書
　警察が市役所に依頼し、送付されたWの戸籍謄本。

Wの供述調書に書かれてあるのは次のような内容であった。

高校中退の少し前ころから遊び癖がついた。深夜コンビニで声を掛けられ、知り合ったのが

Xである。すぐにXやその仲間五、六人と親しくなった。Xらはコンビニに自動二輪車か原付で来ており、そこからどこかに行くとき、二人乗り、三人乗りをして、数台で道路いっぱいに広がり、ときには追いかけごっこをしながら走った。Wも後乗りさせてもらったり、運転させてもらったりした。

五月十三日夜、いつものコンビニに集まったW、Xほか四人は、二、三時間その駐車場で過ごした後、Xの家にゲームをしに行くことにし、二台の自動二輪車と一台の原付に分乗した。WはXから「腹が痛いので運転してくれ」と言われ、Xを同乗させて運転することにした。その原付はXが乗ってきていたもので誰の所有かWは知らなかった。

途中でパトカーに停止を求められた。気が動転し、後座席のXから「右」、「左」と指示されたとおりに原付を走らせた。大きなカーブに差し掛かり、速度を緩めたつもりだったが、タイヤが滑ってしまい転倒した。痛かったが、捕まりたくないという一心で狭い路地の方へ走って逃げた。当然Xも逃げたのだろうと思っていた。

Xの調書は次のような内容であった。

Xは自動二輪の運転免許を所有しているが、速度超過・信号無視の違反で現在免許停止の処分を受けている。

五月十三日夜、コンビニに集まった仲間から「出て来い」と電話があり、Xはそこに行くため友人○男に迎えを頼んだ。○男は原付でやって来たので、Xはその後に乗せてもらって仲間のいるコンビニに行った。そこにはWも来ていた。しばらく仲間としゃべっているうちに、○男は「彼女に呼ばれた」と原付を置いたままどこかへ行ってしまった。残った六人でXの家でゲームをすることになった。

Xは免停中であることを言わず、「腹が痛いから」とWに○男の原付を運転させることにした。Wは運転が上手ではなかった。パトカーに停止するよう指示され、焦ったため曲がり角で原付を転倒させてしまった。Xは足を強く打って痛くてその場から逃げることができなかった。そして、やってきた警察官に捕まった。気が付くとWはいなかった。

○男の調書は次のような内容であった。

五月十三日午後十一時ころ、Xから「迎えに来い」という電話があった。○男は十二時に恋人と会う約束をしていて嫌だったが、行き先がたまたま恋人のアルバイト先に近いコンビニであり、Xの頼みを聞いてやった。Xを原付に乗せてコンビニに行くと、Xの仲間が数人いた。Wもいたが、○男とは親しい関係ではなかった。Xから原付をしばらく貸してくれと言われていたので、○男は原付をコンビニの駐車場に置いたままXに鍵を手渡し、恋人のアルバイト先に歩いて行った。その後、XやWがどうしたのかは知らない。

Wが運転して事故を起こしたということを聞いてびっくりした。父名義の原付で、修理することになったため、父に「人に貸すなと言っただろう」と叱られた。Xからは「俺とWで弁償する」という電話をもらった。

Wの道路交通法違反の存在は、Wの自白調書、それを裏付けるXの調書によって証明されている。追尾した警察官の捜査報告書では、Wが運転したことは明確に目撃されていないが、転倒してまもなくその現場に到着した警察官が足を引きずっているXを捕まえ、事情を聞くと「運転していたWは逃げた」と話したという内容になっていた。

否認した後で

私は「君が今話したことをお母さんに黙っておくわけにはいかない」と言い、Wを納得させた上で母親を面接室に入れた。

母親はここに至るまで本当のことを言わなかったWに腹が立ったようで、「先生、いいですよ。そのときしてなかったとしても今まで何度も無免許をやっているから。処分を決めてもらったらいいです」と言い放った。私は、裁判所は事実をはっきりさせるのが仕事であり、Wの話したことを無視するわけにいかないことを説明した。

ただ、Wがここで話したことを証明できなければどうにもならない。警察官の作った書類はWの無免許運転を証明した形になっている。

W本人の尋問、Wの新たな主張を裏付ける証人の尋問を行う必要があり、そのために、Wと保護者は何回か家庭裁判所に来なければならない。また、Wの主張を裁判官が認めて「非行なし」という結果になったとしても、Wは「犯人隠避罪（真犯人を知っていて隠していたという罪）」で取調べを受けることになる可能性が高い。そういう事実をWと母親に話しておく必要があった。

母親は不愉快そうな顔つきで「お父さんと相談します」と言った。

Wに私は「隠さず話してくれてよかった」と告げた。私はWの新たな証言は間違いない事実だと思った。今後の手続きは負担であろうが、今のWには、事件の白黒をはっきりさせる手続きに身を置くことが何より必要なことであると考えた。W自身は、こういう事態になって良かったのかまずかったのかわからないという思いがあるのか、最後まで浮かない表情であった。

非行事実の否認があれば、家裁調査官はすぐに裁判官に報告しなければならない。私は、Wと母親の陳述書を作り、裁判官に提出した。裁判官の方針は、審判を開いて、まずW本人の尋問を行い、次いでX、○男を尋問するというものであった。

審判で、Wが「原付を運転してなかった」と話しても、Xがあくまで警察の調書どおりで間違いないと主張し続けると、二人の言い分は矛盾し、事実は把握できない。私が「二人の話が対立したままだとどうしますか」と尋ねても「そのときはそのときですよ」と裁判官はポーカーフェイスであった。

家庭裁判所の審判

Wの尋問が行われたのは七月七日である。付き添って来たのはブレザーを着た父親であった。審判廷に入る前、父親は私に「こいつがいい加減なことを言ったためにご迷惑を掛けまして」と声を掛けてきた。Wは可哀相なくらい緊張した表情であった。

審判が始まり、裁判官の質問にWは口ごもりながらも一生懸命答えた。内容は私の面接で語ったことと同じであった。Xから「近々普通免許を取るため自動車教習所に通う予定で、免停中の運転がばれるとまずい。お前が運転したことにしてくれ」と頼まれたこと、「お前なら家裁に呼ばれても一日で終わる」と言われたことなど家裁調査官に話さなかった証言もあった。父親は審判中黙ってWの話を聞き、時々頷いていた。

七月十四日、Xと○男の尋問が行われた。その日も当然、Wと父親は審判に出席しなければならなかった。

Xは観念した様子で、あっさりと警察官に嘘を言ったことを認めた。「普通免許を取るため教習所に通うことを決めていたので、免許取消処分で受験資格がなくなるのが嫌だった。現場で警官にWが運転していたと言い後に引けなくなった」と言い、さばさばした表情であった。WはXと視線を合わせず固い顔つきであったが、Xは妙に明るく、訊かれもしないのに裁判官に「これからは真面目にやります」と声を掛けていた。

○男は「Xから原付を貸せと言われた。コンビニまでXが運転し、自分が後乗りした。彼女と約束があるから先に帰ると言うと、原付を置いて行けと言われた。翌日、Xから運転しなかったことにしておいてくれと電話で頼まれた。昔、殴られたことがあり、Xから何か言われると断りにくい」と言った。○男の父親が家庭裁判所に付き添って来ており、審判廷を出てきた○男をねぎらっていた。

裁判官はこの日の尋問を終え、Wと父親に「七月二十八日に最終審判を行う」と告げた。

七月二十八日の審判には両親が付き添ってきた。審判に先立ち、審判廷でWが話した内容、Xと○男が話した内容が書記官の手で調書にされていた。

審判では裁判官は検察庁から送致された非行事実が存在しないことを宣言し、「不処分」決定を言い渡した。続いて、裁判官は「Wの主張はXの審判での供述によって証明され、○男の供述で補強された」と決定の理由を説明した。

この決定は捜査機関に伝えられた。警察は、Xの道路交通法違反とWの犯人隠避事件を新たに取り調べなければならなかった。

一か月ほど経過して、Wの事件を家庭裁判所は受理した。再び、私が調査を担当することになった。

WとXの関係はすっかり切れていた。Wは近くの工場に就職し真面目に働いていた。むき出しになった上腕のたくましさが目立ち、充実した生活ぶりが窺えた。私は、Wの犯人隠避事件について、裁判官が説諭した上で「不処分」決定をすることでいいのではないかと考えた。

否認事件いろいろ

Wのケースのようにうまく事が運び、真実がはっきりつかまえられたときは、司法機関に所属する一員として、本当に良かった、これでこそ裁判所の存在意義がある、と喜びと充実感を持つことができる。しかし、こういうケースばかりではない。否認事件はいろいろであり、完全に藪の中に入ってしまうものがないわけではない。否認事件にはいくつかのパターンがある。

①　少年と証人の言い分の対立

少年事件はグループで行われることが多い。グループでの非行、たとえば集団での暴力のような場合、どこまでが共犯者で、どこからが単なる取り巻きなのかを決めるのは難しい。暴力があり被害者がけがをしたという事実があるのだから、そこにいた誰かがけがをさせたのは間違いない。警察は、誰が実際に暴力を振るったか、暴力を振るわなかったが共犯になる者がいるかを、被害者を含む全員の供述内容、全員を現場に立ち合わせての検証などで確定していく。本人が暴力を認めただけでは罪は成立せず、被害者、共犯者、目撃者などの話によって間違いなくその事実があったことが証明されなければならない。

家庭裁判所で少年が送致された犯罪事実を「そのとおり間違いない」と認めると何ら問題は生じない(九九パーセント以上はそうである)が、自白を撤回して否認すると審判を開いて事実の審理をすることになる。その場合、少年の自白を証明していた証人の証言が審判で維持されるかどうかがポイントである。証人があくまで捜査段階と同じ供述を貫くと、ほかに客観的な証拠がない限り、どちらが嘘をついているかを見極めなければならず、事実認定は困難となる。

② 捜査機関の捏造という主張

ときどきあるのが、誘導に乗ってありもしないことを言ってしまった、脅されてやってないことを認めてしまった、自分の話したとおり調書に書いてくれなかったという警察官への不満を伴う犯罪事実の否認である。供述調書の最後に「(私の供述内容を)読み聞かせてもらった結果間違いなかった」と記載されており、そこには必ず供述者本人の署名と押された拇印がある。少年になぜ署名して拇印まで押したのか尋ねると、取調官にいくら違うと言っても聞いてくれないので根負けした、読み聞かせのときよく聞いてなかったので書かれた内容を知らなかったなどと答える。

客観的な証拠があれば問題ないが、それが確実なものでない場合、どう判断するかは難しい。非行少年の場合、聞いてくれないので投げやりになったとか、読み聞かせのとき不注意であったということはいかにもありそうである。

このような否認事件で証人から話を聞くとすれば、調書を作成した警察官を審判に呼ぶしかない。だが、警察官が「誘導しました」とか「脅しました」と言うはずはなく、「黙秘権の告知の上、少年自らが進んで供述したことを調書にした。調書を読み聞かせて、間違いないと言うので、署名し、拇印を押してもらった」と答えることは、呼ぶ前からわかっていることである。

少年はいつも嘘を言い、警察官はいつも真実を言うということでもないように思われる。

そのほか、黙秘の少年とか、精神障害のため供述が転々と変わる少年もいる。

二〇〇〇年改正で変わったこと

家庭裁判所の事実認定手続きを強化する必要が改正論議のたびに指摘されたが、事実認定手続きを改めるとなると必ず検察官の出席が必要であるという議論になり、法務省と日本弁護士連合会(日弁連)が鋭く対立する構図が長く続いた。

一九九九年の法制審議会の答申は事実認定手続きの改正に重点を絞った内容であり、少年審判の協力者として検察官の出席を容認するものであった。日弁連は、検察官関与に絶対反対を貫いてきた姿勢を変え、捜査過程を可視化する、少年が手続きを選択する、検察官出席の場合は手続きを刑事に類似したものにするという対案を提出した。しかし、その案は法制審議会で否決され、その内容が答申に盛られることはなかった。

一九九九年の法案は流れたが、二〇〇〇年に、少年審判への検察官出席、検察官による抗告受理申立、観護措置期間の延長など少年にとって不利益な内容を含む改正がなされた。もちろん、新しい制度によって真実が発見される可能性が高まるとするなら、少年のためにもなるだろう。しかし、実際はどうであろうか。

私は、一度だけ、検察官の出席する少年審判を経験した。

バイクを強取して被害者にけがをさせた事件で、強盗致傷の共犯者とされた少年は調査面接で「暴力に加わったことは認めるが、仲間の一人が被害者のバイクを持ち帰ったことは後で聞いて知った」と話した。傷害事件であり強盗致傷事件ではないという主張である。警察・検察の少年本人の調書には事前の相談があったというくだりがある。少年は「取調官からほかの奴はバイクを奪う相談があったと言っている、嘘をつくと不利になるぞと言われて仕方なくそういうことにした」と言う。付添人弁護士から「真実を話すべきだ」と言われたことで態度を変えたのであった。

検察調書の内容が問題になったため、裁判官は、検察官に出席を求めて少年本人と共犯者の尋問を行う決定をした。

その審判では、検察官も付添人も裁判官の協力者としての役割に徹し、少年の情操に配慮する努力も見られた。改正前に、刑事裁判のような検察官と弁護人が対立する構造では少年不在の「空中戦」になるのではないかという心配の声があった。少なくとも私の出席した審判では、少年の思っていることを十分に語らせるよう全員が配慮していた。

少年の主張する結果にはならなかったが、少年も保護者も家庭裁判所がやるだけのことをやってくれたという気持ちになったようであった。

改正前は、こういう事件の審判は、検察官は出席せず、一人の裁判官が運営していた。少年事件を担当する裁判官の相当数は任官後三年から五年くらいの判事補(年齢が二十歳代後半から三十歳代前半くらい)であり、その気苦労はたいへんなものであったと思う。

弁護士がついた場合、証人から少年に有利な証言を引き出そうとして厳しい追及を行う場面もあり、検察官がいない審判廷では、裁判官が刑事裁判の反対尋問のような質問をしなければならなくなる。そのため、審判を受ける少年が裁判官を公正な判断者であると思わなくなる可

表12　事実認定手続きに関わる改正点についての統計　（人）

年	検察官関与	国選付添人	抗告受理申立	裁定合議	観護措置の特別更新
2001.4〜2002.3	27	6	0	27	40
2002.4〜2003.3	19	6	0	44	44
2003.4〜2004.3	26	6	0	29	71
2004.4〜2005.3	20	3	5	43	52

（改正少年法の運用の概要より）

＊公表されている最高裁の統計は累積数であり本表は年度ごとに算出し直したものである.

能性があった。検察官にその部分を担ってもらえば裁判官の公平らしさを保つことはできる。私の出席した審判では、実際そういう流れが作られ、裁判官は公平な態度に徹することができたのであった。

しかし、刑事裁判のベテラン裁判官の中には、この程度の事案で検察官を出席させるのはいかがなものかという感想を持つ人もいるであろう。

審判に臨む前にすべての証拠を裁判官が目にするという構造のため、少年審判では裁判官の心証は有罪に傾きやすい。そのことを考えると、出席する検察官の役割は、証人が捜査機関での供述を覆さないよう監視すること、捜査機関が調書を捏造したなどと文句を付けさせないよう威圧することになる。事実解明という点で少年司法は不利な構造なのにさらに上塗りをすることになったのではないかという疑いは拭えない。

改正法は、審判への検察官出席は裁判官の裁量によるもので、裁判官が従来どおりの方法で真実が発見できると考えればそれでいいという制度になっている。裁定合議制も、観護措置期間の延長も、同様である。

改正後の事実認定手続きに関わる新制度(九一―九二ページ参照)の利用は**表12**に示すとおりである。非常にわずかであるが、これはそもそも否認事件が少ないせいである。

現行少年法誕生後、少年法をめぐる最大の争点であり、かつて野党勢力挙げての反対運動に発展したこともある少年審判への検察官関与の問題が、限定的とは言え現実のものとなったのであるが、改正後の結果を見ると、この程度のことだったのかと思う。不都合なことが起きているという状況はほとんど報告されていない。

事実認定手続きに関わる改正は、現実の運用を見る限り、裁判官の審理の充実には寄与しているようである。だが、それが非行少年にとっても良かったと断言できるのだろうか。何か少し引っかかるのである。

否認する少年と調査

私は、否認を訴える少年にはいくつかのパターンがあるように思う。

よく目に付くのは、親に嘘の話をしたため、親のいるところでそれが崩せないという事例である。警察の取調べを受けた少年が親に説明するとき、内容を割り引いて伝えたり、自分は関係なかったというような言い方をしたりする。親が警察からきちんとした説明を受けていればいいのだが、十分でない場合が多い。家裁調査官が親子同席の面接で事実を確認すると、警察官に話した内容より親に伝えたほうを優先し、否認の主張をしてしまうのである。

法律的な思考にまったくなじみがないため質問によって答が変わるという少年も多い。例えば、二人共犯の窃盗で、警察の調書では「(共犯者がバイクを盗んでいる間)ぼくは見張りをしていた。誰かが来ると(共犯者に)知らせるつもりだった」と話したことになっているが、そんな話はしていないと主張し、共犯性を否定するケースである。よく聞くと、取調官に「見張っていたのだろう」と迫られ、そのときは「まあそう言われればそうか」という程度の気持ちで、「はい」と答えたと言う。いざ家庭裁判所で尋ねられると、盗みを実行した友達と同じ扱いをされるのは納得できないという気持ちになるようである。

また、傷害事件で、被害者が先に暴力を振るったので自分には責任がないと訴えたり、けんかであり、両方が事件になるなら仕方ないが、自分だけ家裁送致されたのは納得できないと訴えたりする少年も多い。前者は正当防衛の主張であり、後者は完全な否認ではないが捜査機関の不公平さの主張であると受け止められる。

少年が否認の主張を始めるのは家裁調査官の面接であることが多い。少年が事実を否認すると、家裁調査官は要保護性の調査を中断し、否認の主張をていねいに聞き、その周辺事実を把握したり、警察の捜査時の供述との違いを明確にしたりする。問題点を明確にするため、家裁調査官の法律知識の及ぶ範囲で質問をし、考えを述べることもある。もちろん、少年を無理矢理納得させることはしない。どんな無謀な否認だと思っても、撤回されない限りは裁判官につなぐ役割を確実に果たす。

家裁調査官の調査結果は非行事実の認定に使えないというのが裁判所の中の一般的な考え方である。しかし私は、否認事件への対応に、家裁調査官が職業上培ってきた面接の技術を使うことができるのでないか、ことに触法少年など年齢の低い少年や知的障害や発達に偏りのある少年には有効ではないかと考えている。

家裁調査官の面接は密室で行われ、誘導の危険性もつきまとう。しかし、対象者の成熟度や性格傾向から捜査機関の調書に表現されたことを検討したり、受容的な雰囲気の中で今この場で思っていることを語らせたりすることは、真実の発見に寄与するのではなかろうか。共犯関係にしても、加害者と被害者の関係にしても、年少者同士という場合は、それぞれの過去（お互いの人間関係が過去どうであったか。前触れとなる行為があったかなど）や日常（お互いの力関係は現在どうか、暗黙の了解というようなことがあるかどうかなど）を詳しく把握することは、非行事実の有無を判断するのに大いに役に立つであろう。

家裁調査官の調査結果を非行事実の認定の資料とするならば、調査の構造と方法、家裁調査官の習得すべき知識と技術を改善しなければならない。次のような条件が考えられる。

① 事実認定に資する情報収集を行う調査では、黙秘権の告知を義務付け、その告知は少年の成熟度に合わせて権利を実質的に行使できるようにする必要があるのではないか。

② 少年と家裁調査官の事実認定に関わる面接の過程をビデオ撮影し、事後に検証できるようにすることが必要ではないか。

③ 自白や証拠の取り扱い方、法論理的な思考など刑事裁判の事実認定の方法を家裁調査官が習得することが必要ではないか。

このような意見は家裁調査官の専門性を逸脱した暴論であるという批判もあると思う。だが、自分の主張したいことを低いレベルでしか表現できない年少者を補助して、その表現しようとしている情報をなるべく多く裁判官に伝えることは、事実の認定をしていく上で重要なことである。現存する専門職の中で、家裁調査官はそこに接近できる一番近い位置にいることを自覚すべきであろう。

家事のケースで、夫婦の紛争に巻き込まれてどちらの親に監護してもらうかの選択を迫られた子どもから、将来に向けての気持ちを聞き出す仕事は、家裁調査官が担う。それができる専門職なら少年事件の事実認定にも寄与できるはずである。

第６章　被害者にどう向き合うか

生意気な中学生を殴る

十七歳のYは仲間の二人の高校生といっしょに、夜の公園に、近くに住む中学三年の生徒を呼び出し、殴ったり蹴ったりし、鎖骨を骨折させたほか体中に打ち身や内出血ができるけがをさせた。被害者が自宅に戻ったとき、被害者の家族は、遊びに行くと言って出かけた息子が一時間も経たないうちにこんな無残な姿で帰って来るとは想像しておらず、慌てて病院に連れて行った。

三人が被害者に暴力を振るったのに大した理由があったわけではない。三人は被害者が在学する中学校の卒業生であった。高校生二人が後輩から、学校で被害者が生意気にしているというわさを聞き、一度忠告してやろうというお節介な気持ちになった。二人はコンビニで出会った被害者に声を掛け一言文句を付けようとしたが、逆に被害者からにらみ返され、それ以上何も言えなかった。後日、被害者が「腰抜けの高校生」と言いふらしているという話が伝わってきた。

二人は中学時代の同級生Yにその話をした。Yはこの地域ではちょっと知られた不良であった。Ｙは「よし、俺も行ってやる。連れ出せ」と言い、日時と場所を決めて、下級生を使って被害者を公園に呼び出した。

高校生二人はＹが側にいるのをいいことに、被害者に「なんでこの前、俺らにメンチ切ったんか」、「俺らの悪口を言っただろー」などと迫った。被害者は「メンチ、切ってないっす。俺は目が悪いんで」、「悪口なんか言ってません」と必死で弁解した。二人が被害者の弁解にびしっとした態度をとらないことに、Ｙはいら立ち「嘘を言うな」とドスの利いた声を上げ、被害者の背中を回し蹴りした。

続けてＹが拳で被害者の顔を数発殴り、うずくまって顔を覆う被害者に対して高校生二人が何度も蹴りを入れた。さらに、倒れた被害者の肩や背中を何度も蹴ったり踏みつけたりした。暴力は十分ほど続いた。公園の横の道を、仕事帰りの会社員が自転車で通ったので、暴力を中止し、Ｙが「俺らのこと親や警察に言ったら、どうなるかわかってるな」と言い残し、その場を立ち去った。

被害者のけがは全治三週間の相当にひどいものであった。母親は警察に通報した。すぐに、警察はＹと二人の高校生を呼んで事情聴取を始めた。一つ間違えば被害者を死なせたかもしれない事件であり、警察では三人を逮捕して強制捜査することが検討されたが、二人の高校生を退学に追い込まないための配慮から在宅での取調べとなった。Yは有職者で暴行の前歴があったが、共犯者三人の中でYのみを逮捕することはできなかった。

約二か月間の取調べが終わり、三人の傷害事件は家庭裁判所に送致された。

ショックから立ち直れない被害者

被害者や母親の警察調書には次のようなことが書かれてあった。

【調書】　被害者は、事件後一か月の二度目の警察の事情聴取の日に、まだ登校できない。けがは治ったが、精神的ショックから立ち直れない。被害者は、なぜ自分が狙われて暴力を振るわれたのかわからない。

家庭は、父親が病気のため入院中で母親が働き、一番年上の被害者の下に妹と弟がいる。経済的に余裕がなく、事件後何日も、母親が会社を休まねばならなかったため、生活が不安だった。被害者はショックでふさぎこみ、家から出ることを怖がり、母親は買い物一つ頼めない。家庭の混乱は妹と弟に影響し、二人も学校に行くのを嫌がりだした。

この三人共犯の傷害事件を担当することになった私は、まず被害者と被害者の保護者に書面照会を行うことにした。被害者の事件後の心身の状況、加害者が謝罪したか、被害補償に向けての話し合いがあったか、そのほか加害者への思い、家庭裁判所の審理への要望などを回答してもらう方法である。

母親の手で記載された回答がすぐに戻された。

【回答】 事件から三か月が経過するが、被害者はいまだ学校に行ってない。二学期後半で進路を決める時期で、以前は地元高校への進学を希望していたが、考え直そうと思っている。被害者の恐怖心は強く、自宅からほとんど外に出ない生活を続け、今でも事件のことを思い出して泣くこともある。事件後、高校生二人の両親がそろって謝罪に来て、取りあえずの治療費と慰謝料ということで数万円を置いて帰った。Yの親は謝罪に来る様子はない。被害者の家とYの家は百メートルほどしか離れていないため、圧迫感がある。余裕があるなら転居したいくらいだ。

文面は痛々しいものであった。被害者は事件のショックから立ち直れず、家族全体も苦悩していた。

加害少年たちの対応

私は、高校生二人の調査を優先した。通う高校が住んでいる町から離れていたため事件は知られることなく、二人は何もなかったように登校を続けていた。

起こした事件は悪質なものであるのに、その重さが二人にはよくわかっていなかった。書面照会の回答で明らかになった事件後の被害者の苦悩を伝えても、ピンと来ない様子であった。そもそも事件の発端を作ったのが自分たちであるという認識も薄い。Ｙがいきなり蹴りを入れたことで釣られて暴力を振るったと言い、Ｙに責任をなすりつける言い方をした。

二人の保護者は事件が高校に知れて退学処分になることを恐れており、そのために被害者に誠心誠意償いをしたいという考えであった。親は一生懸命であるが、その気持ちが本人たちにほとんど伝わっていなかった。私は、二人の少年と保護者に審判までにもう一度調査を行うことを告げた。

次に、Ｙの調査を行った。Ｙに付き添っていたのは成人した姉であった。父子家庭であり、父は県外の職場に住み込んでいて、ときどき戻るだけである。姉を保護者代わりによこすのは困るのだが、この日はYと姉とから話を聞くしかなかった。

　Yの面接で、私は高校生二人のときのような嫌な気持ちにならず、むしろ好感を持った。Yが自分の起こした事件を真正面からとらえていると感じたからである。Yは「自分にはカッとしやすい欠点がある、二人から被害者のことを聞いて、前から気に食わない奴と思っていたため、すぐに呼び出してやろうという話になった。二人にやらせて自分は手を出さないつもりだったが、ついいら立って手や足を出した。途中でやり過ぎたと思ってひやりとした。自転車の人が通ったことでやめるきっかけができた。被害者を放って帰ったので心配になり、三十分ほど後一人でそこに戻った。いなくなっていたのでほっとした。二人は被害者の無様な姿を話題にして大笑いしていたが、いっしょに笑う気にはなれなかった」と話した。

　謝罪について尋ねると、「父親が帰ってきたらいっしょに行ってもらうつもりだったが、帰って来ず、まだ相談できてない」と答えた。

　Yは中学卒業後就職し、同じ職場で半年間働いており、生活は落ち着いていた。姉は事務員として働きながら、家事を一手に引き受けていた。私は姉に「父親にどうしても家庭裁判所に来てもらわないといけない。次回の調査には必ず父親に都合をつけてもらいたい」と話した。

裁判官と家裁調査官のカンファレンス

私は、被害者への書面照会と三人の少年の面接を終え、そこまでの経過を裁判官に報告した。裁判官は、Yを少年鑑別所に入所させて調べなくていいのかと質問した。私は、Yはちょっとしたきっかけで暴力を振るう傾向があるが、物事の受け止め方、感じ方はノーマルであり、中学卒業後半年以上同じ職場で仕事を続けていることを説明し、少年鑑別所に入所させる必要はないと思うと意見を述べた。

裁判官から、現段階で三人全員についてどういう処遇をしたらいいと思うかと尋ねられたので、私は、三人とも「保護観察」が考えられるが、Yについてひとまず「試験観察」（七〇ページ参照）にしたほうがいいかもしれないし、高校生二人は「短期保護観察」（七六ページ参照）の可能性もあるので、もう少し調査を続けることにしたいと答えた。

私は、調査面接で加害少年三人にはたらきかけ、被害者への謝罪を実行させたいと考えた。そのことについて裁判官の考えを聞いてみた。「それができればいいと思う」という意見であった。さらに続けて、私は「被害者か被害者の母親を面接してみたいがどう思うか」と裁判官に尋ねた。裁判官は「やってみたらどうか」と答えた。

私の質問に対する答は裁判官によって異なるであろう。被害者と接触することをどう考えるか、どこまで加害少年側に謝罪や弁償のはたらきかけをするかについての家庭裁判所の姿勢は固まっていない。

被害者の母親の複雑な思い

私は被害者と被害者の母親に家庭裁判所に来て話を聞かせてほしいと電話を掛けた。母親は「私は行きます。子どもは行きたくないと言うと思う」と答えた。もちろん、私は無理強いをしなかった。

家庭裁判所に現れたのはやはり母親一人であった。母親は「電話のあった日は息子も行ってみようかと言っていた。今日になって急に行かないと言い出した」と話した。私は書面照会に回答してくれたことにお礼を述べ、その後自由に被害者の最近の様子、加害者への思いを語ってもらった。

被害者と加害者三人は同じ地域に住んでおり、被害者宅から最も遠い加害者宅で二キロ程度、一番近いYの家は被害者宅からわずか百メートルほどのところにあった。この四軒の家は古くからここで生活しており、それぞれの家庭の事情をお互いがそれとなくわかっているようであった。

被害者は担任教師の励ましがありやっと一週間前から登校できるようになったが、母親は地元の高校に行きたくないと言いだした被害者をどうしたらいいか悩んでいた。遠方の学校に進学させると経済的負担が重くなってしまう。

こんな事態では、三人の加害者への恨みつらみになるはずだが、母親はそういう言い方はしなかった。怒りの矛先が一番に向くはずのYにわずかではあるが温かいものを持っているように感じた。母親は、Yがこんなことになったのは母親を亡くした後父親が子どもの面倒をしっかり見なかったためで、親の犠牲者だと語った。

それに引き換え、高校生二人には厳しい意見であった。「裕福に育った子どもたちで、甘えている。両親は謝りに来たが、本人たちは知らない顔をしている。治療費と慰謝料だと言って渡された金も、これ以上責めないでくれ、高校に黙っていてくれという口封じのように思えた。うちの子も私も事件のためにこれだけ苦労しているのに、何食わぬ顔で高校に通う二人を腹立たしく思う」と話した。

私は、母親の複雑な心境に触れたと思った。同じ地域の中で起きた同世代の子ども同士の事件であり、そこには加害者と被害者の関係を超える思いがあるようであった。

謝罪の橋渡し

高校生二人への二回目の面接で、事件の責任をしっかりと認識させ、親任せにせず被害者に謝罪するよう説得を試みた。一回目の面接と違う厳しい私の姿勢に二人は驚いて無口になってしまったが、保護者は私の言うことをよく理解してくれた。

一人の親は「本人を連れて謝罪させたいとずっと考えていたが、相手が嫌がるのではないかという気もした。先方のお母さんに聞いてからにしようと思っているうちに日が経ってしまった。遅くなったがさっそく連絡して本人を連れて行くようにしたい」と約束した。

二回目のYの面接には父親が付き添ってきた。私は被害者への謝罪を話題にした。Yは「謝罪に行く」とはっきりと言ったが、父親は「いっしょに行かなきゃならんのだが……」と口ごもった。謝罪に行くのはいいが、弁償に応じる余裕がないということのようだった。私は「Y君について行ってやってくださいね」と念押ししたが、頼りない感じであった。この日裁判所に出向いただけでも父親にとってはたいへんなことだったのかもしれないと思った。

数日後、高校生の親から電話があった。高校生二人はそれぞれの両親とともに被害者宅を訪ね、被害者本人に謝罪したということであった。電話の声から難局を乗り切った安堵感が窺えた。被害者から「もういいよ。ぼくも学校に行けるようになったから」と言われたこと、被害者の母親から「よく来てくれたね」とねぎらわれたことにほっとした様子であった。

何日経っても連絡がないのはYの家からであった。

一週間ほどして、被害者の母親から「高校生二人を、大した反省もせず平気な顔で高校に通っていると悪く思っていたが、来て神妙な顔で謝ってくれ、この子らなりに悩んできたのかと思った」と電話で連絡があった。「Y君にも来てほしいが、難しいのかな、一人で来るのは……」とも話した。

私はYに電話してみた。父親は、面接の日に帰宅しただけで、次の日「次はいつ帰るかわからん」と言って仕事場に戻ってしまった。仕方ないので姉に謝罪の相談をしたが、嫌な顔をされてしまったと言う。「私のほうで被害者のお母さんに連絡してみる。一人で謝罪に行くことを許してもらえるなら、行く気があるか」と持ちかけると、「そうする」と言う。家裁調査官がそこまでしていいかどうか迷うところはあるが、Yにはそこまで手を掛ける必要があると思った。

被害者の母親に電話したところ、「明日夕方に来てくれたらいい」という返事であった。Yに伝えると「わかった」と答えた。

翌々日、被害者の母親から電話があり、「Y君が来てくれた」と言う。様子を聞くと、Yは被害者と母親を前にして「ごめんなさい」と畳に頭をすりつけて謝罪したらしい。母は「息子はやはりＹ君が一番怖かったようだ。最初怯えた顔つきでいたが、Ｙ君の謝罪する姿を見て泣き出してしまった。Ｙ君は封筒を置いて帰った。帰った後、中を見ると五千円が入っていた」と続けた。母親の明るい声から、Ｙの謝罪によってこの家庭にやっと平穏が戻ったと感じた。

修復的司法の可能性

少年の犯罪では、加害者と被害者が同じ地域の住人であることが多い。事件後、お互いがいつ顔を合わせるかわからないという状況の下で生活を続けることになる。したがって、加害者が事件に相応した処罰や処分を受けたとしても、謝罪や補償がない限り被害者が納得できるはずがない。処分が厳しければ厳しいほど逆恨みの気持ちが増幅されるのではないかと不安になることさえあるかもしれない。

犯罪は加害者と被害者の問題であるだけでなく、地域の安全に大きく関わる。加害者が処分のため一定期間地域を離れたとしても、処分後は元の住居に戻ることが多い。地域の人は、処分後地域に戻った加害者と被害者の関係を心配する。地域の人は、法律で割り切るほど加害者と被害者とを明確に区別して考えず、ときには被害者に問題があったと見ていることさえあり、加害者の処分で物事が解決するとは思っていない。加害者と被害者の関係が円満になることが重要であると考えている。そういう意味では、犯罪は「地域社会に生じた傷」であると言うことができるのである。

諸外国で、加害者・被害者に家族、知人、地域の人、ソーシャルワーカー、法律家などが加わってカンファレンスを行い、加害者の被害者への謝罪、地域への貢献を話し合うような方法が実践されている。これは犯罪の「地域社会に生じた傷」という側面に注目したものであり、修復的司法と呼ばれる。

日本でもこの手法はもっと注目されていいのではないだろうか。日本の制度の下で修復的司法を実践するなら、そこに家庭裁判所と保護処分を執行する機関(保護観察所・少年院)が関わらざるを得ない。しかし、修復的司法は本来地域の自主性を重視するものであり、公的機関のみで完結させようとするのはまずいやり方である。中心機関として修復を促す民間団体(NPO)が組織されることが必要である(千葉県、大阪府に「被害者・加害者対話の会」がある)。

修復的司法の実践で問題解決を図ることができた場合に家庭裁判所に送致せず、捜査機関で事件を終結させるシステムを導入したらどうかという提案がある。実際にそういう制度を採る国があり、そこでは警察が中心となって修復的司法に取り組んでいる。その方法を日本に導入するなら、すべての犯罪少年を家庭裁判所に集中させるという全件送致主義を崩す法改正が必要となる。私はそのような修復的司法には反対である。

修復的司法ですべての問題が解決するわけではなく、「行きずり」犯罪(ひったくり、路上強盗など)、性犯罪(強姦、強制わいせつなど)、そしてもっとも深刻な被害者が死亡した事件(殺人、傷害致死など)というような難問がいくつもある。もちろん、そういうケースで、難しいから何もしないということは許されない。

加害少年の社会復帰を目標とする限り、被害回復への努力が教育の一環として続けられなければならない。受け取ってもらえなくても謝罪の手紙を書き続ける、被害弁償のため働いて得た一部を貯蓄する、代わりに何らかの社会貢献をするなど、心を態度で表す方法を考えて実行する必要がある。家庭裁判所と保護処分を執行する機関はそれを支援する存在でありたい。

「被害者への配慮」から被害者調査へ

少年法の二〇〇〇年改正の「被害者への配慮」規定である、被害者等による記録の閲覧及び謄写、被害者等の申し出による意見の聴取、被害者等に対する審判結果等の通知は、どの程度利用されているであろうか。改正法施行後四年間の利用実績は**表13**のとおりである。家庭裁判

表 13　被害者への配慮に関する改正点についての統計　（人）

年	事件記録の閲覧・謄写（申出数）／（認められた数）	意見聴取（申出数）／（認められた数）総数	（聴取の方法）	結果等通知（申出数）／（認められた数）
2001.4〜2002.3	506	150		553
	498	146	（①5・②74・③67）	545
2002.4〜2003.3	590	163		726
	576	154	（①14・②68・③72）	721
2003.4〜2004.3	634	200		668
	630	196	（①25・②101・③70）	666
2004.4〜2005.3	588	159		648
	582	157	（①24・②63・③70）	639

（改正少年法の運用の概要より）

＊聴取の方法は，①裁判官が審判で聴取，②裁判官が審判でない場で聴取，③家裁調査官が聴取，である．
＊公表されている最高裁の統計は累積数であり，本表は年度ごとに算出し直したものである．

所は、三つの配慮規定の申し出があれば、そのほとんどを認める姿勢を取っており、被害者の権利に近い形で運用されていることがわかる。犯罪のほとんどに被害者が存在することを考えると少ないように感じる。特に意見陳述の申し出は、制度が知られていないのか、被害者が利用しないのかははっきりしないが非常に少数である。

それでは、この規定は家庭裁判所にとってどういう意味があったのであろうか。

ひとつ確実に言えるのは、被害者に調査の協力を求めやすくなったということである。従来、家庭裁判所が被害者から話を聞こうとすると、逆に被害者のほうから加害少年に関する情報、加害少年に対する家庭裁判所の対応を尋ねられることがあった。家裁調査官は「守秘義務のため答えられない」と言うしかなかった。当たり前のことであるが、こういう構図の中で家庭裁判所に快く協力してくれる被害者は少ない。

配慮規定は、情報提供できる範囲を明確にし、希望があれば被害者も意見を表明することができるようにしたのであり、被害者調査を進める足元を固める効果をもたらしたと考えることができる。

私は、配慮規定と被害者調査をうまく組み合わせることで、家庭裁判所で修復的司法を実践することが可能であり、そういう方向に進むべきであると考えている。「被害者を視野に入れた少年司法」とはそういうことではないだろうか。

家庭裁判所は、捜査機関が把握した被害者の情報でよしとせず、その後の被害者の心身の変化、加害者への思い、家族の状況などを調査しなければならない。家庭裁判所の調査は少年の処遇の第一段階として重要であるが、それは被害者との関わりにおいても同様である。家庭裁判所が手を付けなかったものを、保護観察所・少年院などの執行機関が新たに始めることは不可能である。被害者の動向、被害者と加害者の接触状況についての報告は、少年の処遇を進める上での重要事項として社会記録に綴られ、執行機関に引き継がれることが必要ではないだろうか。

家庭裁判所では、被害者調査が二〇〇〇年改正後活発に議論されるようになった。その実施については、積極的なところ、消極的なところと濃淡が大きい。積極的なところでは実施のためのガイドラインを作る動きもある。

被害者調査を行うについて問題となってくるのは、どの事件でどういう調査(書面・電話・面接)を行い、どこまで深めるか、加害少年の調査や保護的措置にどう生かすか、調査の進行中被害者・加害者と家庭裁判所の間にトラブルが生じたときどう扱うか、被害者への配慮規定との関連をどうするか、などである。

マニュアル作りは必要なことではあるが、さらに重要なのは何のために被害者調査を行うかということである。家裁調査官の調査の一環であるため、被害者調査は加害少年の更生に寄与するものということになるが、そのような説明では「結局被害者は利用されるだけである」という非難を招いてしまう。被害者調査は、少年の謝罪と被害回復への意欲を引き出し、可能な限り実行させるために行うものでなければならない。少年の努力が被害者に受け入れられることで、真の社会復帰を実現することができる。「被害者調査→少年の贖罪意識の醸成→少年と被害者の接触→少年と被害者の和解」というプロセスを目指すことが必要である。

表13のとおり数は非常に少ないが、被害者の意見を裁判官が審判の場で聴取する方法がある。これは、加害少年と保護者がいるところで被害者が心情を発露するということである。非常に緊迫した雰囲気になることが想像される。裁判官はその場面をどのように運営しているのであろうか。一種の通過儀礼として、内容より形を整えることに精力を費やしているのではないかと懸念する。

審判の場での被害者からの意見聴取を有効なものにすることを検討したい。その前提として、丹念な被害者調査が必要である。「被害者調査→少年の贖罪意識の醸成→少年と被害者の接触＝審判期日での被害者の意見聴取→少年と被害者の和解＝保護処分への引き継ぎ」という流れを、少年司法における修復的司法の実践として試みる価値があると私は考えるのである。

被害者の存在が問いかけるもの

少年は社会に迷惑を掛けながら成長する。この言葉はそのとおりであろう。だが、実際に迷惑を被るのは抽象的な社会でなく、弱々しい一人の人である。その痛手が和らげられるような社会のシステムが整っているならいいが、それが貧弱では、事件後押し寄せる苦しみを被害者は一人で背負うことになる。慰めは自らが加害者にならなかったという誇りだけであるが、強い気持ちがなければその誇りさえ失い、加害者への仕返しを考えるかもしれない。

加害者が成人であろうが、犯罪少年であろうが、触法少年であろうが、被害者の苦痛は何ら変わるところはない。加害者に対応する機関がどこであっても、被害者が存在する限り、その権利の擁護に関して、それぞれの機関は大いに責任を感じなければならない。触法少年に対応する児童福祉も例外とは言えない。

過去、少年司法と児童福祉は、加害の少年や児童の成長発達の促進のみが仕事であり、彼らが引き起こした事件の被害者の問題は自分たちの仕事ではないと考えてきた。現在問われているのは、被害者を無視した教育や保護は本物とは言えないということである。この問いかけは本質的なものである。いまや、少年司法も児童福祉も、被害者の視点を導入することを避けることができない。

Yは家庭裁判所のワンプッシュがあれば動くことができる力量と条件の整った少年であり、私は、この事例のような被害者との和解の糸口がいくつもあるようなケースを想定した上で修復的司法の可能性を述べている。少年事件にはこの程度のものが多いが、前述したように難しいものもある。被害者が死亡し、遺族との話し合いになった場合、どういう解決の糸口があるのだろうかと途方に暮れる。修復可能なケースで経験を積み、その中から困難なケースで何ができるかを考えていくしかないだろう。

加害少年を社会に参加させていくことは、被害者への償いを行うなど過去の問題を早く解決して、「くよくよせず前を見て歩け」という指導をすることである。いつまでも後ろ向きでは困るからである。しかし、遺族の赦しが得られない中で、それはどういう指導となるのだろうか。「事件のことを片時も忘れず、被害者の苦しみを思い出せ」と迫るのか、「ときどき被害者を思い出して弔え」と言うのか、私にはまだ結論が見えてこない。そういう加害少年に息長く専門的援助者が関わる必要があることだけは間違いない。

私のもう一つの提案であるが、未成年者の含まれる民事紛争を解決していくために、専門の仲裁機関を創設することができないかということである。少年司法が修復的司法に取り組んでいくにしても、複雑な紛争について民事的解決を図っていく力はなく、また民事的解決に深入りすることは適当でもない。

社会的に未熟な未成年者にとって、民事訴訟、調停、弁護士会の仲裁などは馴染みにくい。多くの場合、子どもの感情やこだわりを些細なことと切り捨てて、親が代理して金銭的解決を図ることになる。しかし、犯罪への責任を明確にしていくためには、民事的解決の過程において未成年者がもう少し主体的に関わることのできる方法を考えなければならない。すなわち金銭問題への帰結を急がせることではなく、当事者の心の問題を重視することであり、それを可能にする専門の仲裁機関が求められるのである。

第7章　非行をどう考えるか

非行の起こり、解決と深化

非行は少年の内的要因と環境要因がクロスして引き起こされるものと考えられている。非行が発達のどの時期から始まるのかは人それぞれである。人生に一度も法への抵触を経験しなかったという人はいないと思われる。明るみになる場合と明るみにならない場合があるが、後者のほうが多いのであり、ほとんどの人はそれでいていつか法を意識し、それに抵触しない生き方を選択する。明るみになれば、親や教師から咎められ、また然るべき機関の世話になり、二度と繰り返さないよう強く迫られる。

ほとんどの非行は解決する。非行は児童期や青年期の発達上のつまずきであり、本人の発達と成育環境の整備との調和の中で乗り越え、克服することができる。しかし、それがすべてではない。非行が成長とともに深化し、常習犯罪者になることがある。

常習犯罪者の問題が解決できることなのかどうか、私にはわからない。盗みの常習者一人が一生涯で生み出す損害額、暴力の常習者一人が一生涯で手に掛ける被害者数、性犯罪の常習者一人が一生涯で毒牙に掛ける被害者数、薬物の常習者が引き起こす犯罪の数々、それは恐ろし

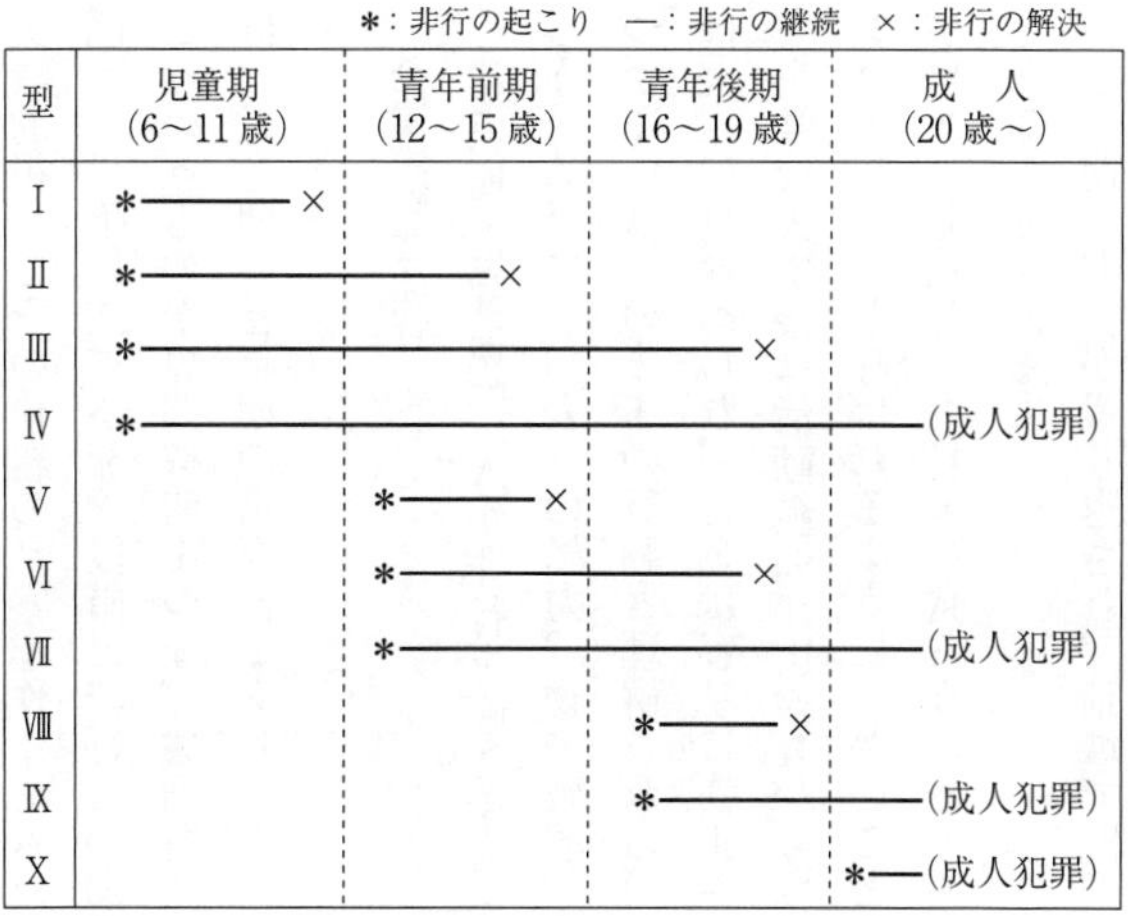

図3　非行の起こり，解決と深化の概念図

いほどである。常習者の一人を救い出すことによって多数の被害者を生み出さないで済むのである。

非行に立ち向かう専門職はそのことを考えながら仕事をしなければならない。そのための武器として、私たちは非行の起こり、解決と深化に関して理論的枠組を持つ必要がある。それは心理学、教育学、社会学、社会福祉学、医学などを総動員した中で構成されるべきであろう。非行・犯罪の専門機関が細分化され、それをつなぐ情報整理が十分になされていないため研究は立ち遅れ、起こされた事象に合わせた流行のような理論が出ては消えるというのが現状である。

私は、二十八年間の家裁調査官の経験から、実践的視点でその枠組の私案を作ってみた。それが図3の「非行の起こり、解決と深化の概念図」と以下に述べる発達段階と非行との関係についての考察である。粗っぽいものではあるが、こういうものが専門機関をつなぐ共通言語になるのではなかろうか。私がここで強調したいのは、児童期・青年期の重要性である。

発達段階と非行

【幼児期・児童期】　人が非行を起こすもっとも早い時期は、おそらく小学校就学前に遡るだろう。幼児にも、人への暴力、物の破壊、盗みといった行動がある。良し悪し、自他の区別のつかない欲求のままの行動と理解される。親や保育者の支配下で行動しているため、問題行動は大人に見咎められ、行動は容易に修正される。

小学校入学後は活動範囲が広がり、友達との付き合いから非行を起こすようになる。「ギャングエイジ」と呼ばれるように、悪いことが面白い時期である。親や教師の知らないうちに事が起き、発覚して大目玉を食らうこともあれば、誰も気付かないうちに本人がいけないことだと悟ることもある。

児童期に非行が繰り返され、地域で問題化する者が出現する。その家庭には虐待、放任、愛情不足というような問題があることが多い。この時期の支援の専門機関は児童福祉(児童相談所・児童福祉施設)である。

【青年前期】　おおむね十二歳から十五歳までの四年間を指す。中学生の時代である。十四歳から十六歳は人がもっとも非行を起こしやすい時期であり、青年前期に初めて非行に手を染める少年が多い。同年代のグループで引き起こす非行が非常に多く、学校を舞台にしたものもある。性に絡む非行も起こり始める。心身が著しく変化する時期であり、また義務教育の最終段階でもあるので選別の最初の関門をくぐらざるを得ず、つまずきやすいのである。

この時期の非行は一回限りか、あるいは表面化した時点で解決するものが多い。しかし、児童期の非行が青年前期に持越し、この時期に問題を深化させる者がいる。この時期に対応する専門機関は児童福祉と少年司法であり、両者の協働が重要である。

【青年後期】　おおむね十六歳から十九歳までの四年間である。高校生から社会人、大学生の始まりの時期にあたる。非行を起こしやすいのは十六歳前後までで、十七歳以降初発非行は減ってくる。この時期の非行は家庭内の問題より学校・職場・地域の人間関係が原因するものが多くなる。

この時期の非行の主人公は高校中退者である。暴走族など非行グループの構成員の中で高校中退者の占める割合は高い。児童期からこの時期まで非行が続いて常習者に近くなっている者、青年前期から非行が繰り返されてこの時期に深化する者がいて、それが大きな問題となる。人の一生で最も心身のパワーの強い時期であり、衝動殺人など衝撃的な事件が起こされることもある。

ただ、この時期に非行をやめて、普通の生活を始める者は非常に多いのである。この時期に対応する専門機関は少年司法である。

ある累犯少年との出会い

少年司法の究極の課題は、累犯者を生み出さないために何ができるかということである。すなわち累犯の傾向を示す少年にどう対応するかという問題である。これから紹介するZ(十九歳六月)のケースを読者はどう考えるであろうか。私たち専門家にとってはショッキングであり、大きな課題を投げかけられるケースである。

Zの非行は自動車の窃盗事件であり、家庭裁判所への係属がこの事件で十二回目であった。

十一回目の車上狙いは未処理であり、私の手元には二つの事件記録があった。もちろんZは少年鑑別所に入所していた。
Zの前歴は次のようなものであった。

【小学生】
十歳～十一歳　触法事件(万引き)により、児童相談所で児童福祉司指導を受ける。
十二歳　触法事件(自転車盗)。児童相談所で訓戒誓約。
【中学生】
十四歳三月～五月　①窃盗事件(原付数台を盗む。共犯)
十四歳九月　②窃盗・道路交通法違反事件(原付を盗み無免許運転する。単独犯)
十五歳○月　①②で家庭裁判所の審判を受け、不処分決定。
十五歳四月　③窃盗事件(万引き。共犯)
十五歳五月　④窃盗事件(自動二輪車を盗む。共犯)
十五歳七月　③④で家庭裁判所の審判を受け、試験観察決定。
【高校生】

十五歳九月　⑤暴行事件（同級生への暴力。単独犯）
十五歳十月　⑥道路交通法違反（暴走族の共同危険行為。共犯）
十五歳十月　⑥で少年鑑別所に入所。
【高校中退、短期間の就職、後に無職】
十五歳十一月　③④⑤⑥で家庭裁判所の審判を受け、保護観察決定。
十六歳二月　⑦強盗事件（路上強盗。共犯）
十六歳三月　⑦で少年鑑別所に入所。
十六歳四月　⑦で家庭裁判所の審判を受け、中等少年院送致決定。
【十六歳四月〜十七歳三月　中等少年院で生活】
【仮退院後、無職】
十七歳五月　⑧窃盗事件（自動車盗。単独犯）
十七歳六月　⑨窃盗事件（自動販売機荒らし数十件。共犯）
十七歳六月〜八月　⑩窃盗事件（店舗荒らし、事務所荒らしなど数件。共犯）
十七歳八月　⑩で少年鑑別所に入所。
十七歳九月　⑧⑨⑩で家庭裁判所の審判を受け、中等少年院送致決定。

【十七歳九月〜十八歳九月　中等少年院で生活】
【仮退院後就職、後に無職】
十九歳二月　⑪窃盗事件（車上狙い数件。共犯）
十九歳四月〜五月　⑫窃盗事件（自動車盗、店舗荒らし。単独犯と共犯）
十九歳六月　⑫で少年鑑別所に入所。

社会記録はファイルがはち切れそうなくらい分厚かった。処分の終わっている十件は、三人の家裁調査官が担当していた。Ｚの調査は、今回の非行のいきさつを尋ねるより、今までの経過を本人にしっかり振り返らせることが重要だと考えた。私は社会記録のポイントをメモしながら読んだ。

社会記録から見える軌跡

過去担当した家裁調査官三人のそれぞれの少年調査票は、担当者によってＺの評価が微妙に異なっていた。

①②の事件の担当者は、知的能力の不十分さから低学力で学校不適応を起こしていると指摘

し、その原因は幼児期の不適切な養育のため我慢のできない性格が形成されたことにあるという見解であった。当時中学三年のZは毎日登校し、部活動(バスケット)に積極的に参加しており、担当者は学校の指導に委ねられると判断して「不処分決定相当」の意見を提出したのであった。

③から⑦までの事件の担当者は、中学三年の卒業間際にZを試験観察し、一度目の「中等少年院送致」決定までを受け持った。試験観察を行う前、担当者はZについて生活の意欲の乏しさ、投げやりな態度が問題であるとしながらも、明朗で人なつっこく指導の糸口があると評価していた。試験観察中、暴行や集団暴走の事件を起こしながらも、少年鑑別所への入所をきっかけに立ち直ってくれることを期待して、保護観察決定にしたのであった。しかし、三か月足らずで、強盗事件を起こし、担当者は非常に大きな衝撃を受けた様子が記録から読み取れた。「中等少年院送致決定相当」の意見が書かれた少年調査票では、非行反復の原因である被影響性の強さを矯正する必要があることが強調されていた。

⑧⑨⑩の事件の担当者は二度目の中等少年院送致を受け持った。少年院教育の成果で学力が向上し、考える力も付いたが、自己本位で楽をして生活したいという気持ちが払拭できていないという見解であった。

Zは今回の入所以前に少年鑑別所の心身鑑別を三回受けた。一度目と三度目を比較すると、身長も体重も大幅に伸びている。本来、知能指数は大きく変化しないはずだが、一度目ＩＱ八二、二度目九〇、三度目一一二と、少年院教育の後大幅に向上している。非行に結びつく性格上の問題は三度とも似たような記載であり、軽そう、過活動傾向があり、価値観に偏りが見られるという内容であった。

少年院での顔

興味深い資料は少年院作成の処遇計画とその評価であった。

最初の中等少年院では、教育目標を「①規則正しい生活習慣を習得する、②規範意識と自己統制力を身につける、③自己本位にならず相手の立場を考えて行動する」と設定した。新入時、中間期(前期)、中間期(後期)、出院準備の四段階の教育課程が組まれ、教官との面接、日誌指導、課題作文、ロールレタリング、問題群別指導(交友関係)、作業(溶接)などが教育的処遇の内容であった。Ｚの進級は順調で一度もつまずいていない。各段階の所見もＺの姿勢や行動を評価するものが多い。これだけ成績のいいのは少年院では珍しい。

二度目の少年院では、教育目標が前回の「①規則正しい生活習慣を習得する」が「①健全な職業意識を身に付ける」に換えられ、あと二つはほぼ同じであった。処遇内容は職業訓練(溶接)が中心となり、問題群別指導(就労)など教育目標に沿ったプログラムが実施された。家裁調査官が少年調査票で、少年院の処遇で少年の行動を厳しく評価してほしいと注文を付けたのが効を奏したのか、大きな規律違反はなかったが、成績評価(毎月、規範意識等個別項目は「a」から「d」までの評点、総合評価は「A」から「E」までの評点が付けられる)は前回収容時より悪かった。そのため、二級上から一級上への進級は計画より半月遅れた。それでも大崩れすることなく、十二か月の目標が十二か月半での仮退院となっただけであった。

多くの少年は処遇計画より進級が相当期間遅れる。Zは実に施設内適応のいい少年であった。しかし、退院後の状況は悲惨である。保護観察所の報告は次のようなものであった。

【報　告】　少年院仮退院後二、三回は進んで保護司の家を訪問し、安定した生活ぶりをアピールした。今回こそ真面目にやってくれるだろうと期待したが、すぐに訪問は途絶えた。電話すると「明日行きます」と言うが、約束を守らない。保護司が訪問しても、家にいることはなく、親も本人がどこにいるのかを知らない。街中でたまたま顔を合わせたことがあった。悪びれる様子はなく「真面目にやっていますよ」と言うが、まともな生活をしているようには見えなかった。

少年院教育の目標は的確だと思うが、治すことができなかった。少年院でのいい顔は施設内に止まり、社会生活に生きなかった。私は、今回の調査でZからそこを引き出したいと思った。

Zと面接を重ねる

Zは、今までの担当者が少年調査票に綴ったとおり、にこやかに私に接し、尋ねた質問に流暢に答えた。ここが少年鑑別所でなければ、こんなに多くの非行を繰り返した少年であると思えないだろう。この明るい表情から就職での面接はうまく行き、すぐに雇い入れてもらえるのではないかと思った。Zは今回の盗みについて警察調書のとおりすらすら話し、こんなふうに言う。

Z「二度目の少年院を出て、今度はちゃんとやろうと決心していた。先輩にカーステレオやCD、MDを持ってきたら金に換えてやるぞと言われ、ついふらふらと昔の仲間と車から盗んでしまった。一回やってうまく行くと癖になってしまう」

一つの悪事をはたらくとその後何の抵抗もなくなるらしく、夜な夜な遊び回っては車を物色し、車の鍵を開けて中の物を盗んだ。たまたまキーが付いたままの車を盗み、それを足にして、大金が置いてあるといううわさの店に侵入して金を盗んだ。説明を続けるZに悪びれた表情はほとんどなかった。

Zに今までの生活史を振り返ってもらった。

Z「両親は家でしょっちゅうけんかしていたが、ぼくは関係なかった。ただ、三年ころからよく友達の家に泊まった。そこの家の子に誘われて、五年のとき何度か万引きした。三回目か四回目に警察官に捕まった」

私「警察に捕まってどうだった?」

Z「警察官は結構優しかった」

私「児童相談所に行ったようだが、覚えている?」

Z「お母さんとどこかに行って話をした記憶はある。ほかは何も覚えてない」

Zは十四歳から非行を起こすたびに家庭裁判所に呼ばれ、次々と処分を受けるようになったのであるが、その感想を聞いてみた。

Z「家裁に行くのは嫌だと思った」
私「試験観察になったよね」
Z「呼ばれた日は行った。男の調査官だった」
私「保護観察はどう思った？」
Z「保護司が好きでなかった」
私「どうして？」
Z「ものの言い方が気に食わなかった」
私「保護観察中に事件を起こして鑑別所に入り、少年院に行ったんだったね」
Z「悔しかった。もう一回だけチャンスがほしかった」
私「そのとき試験観察だったらどうだった？」
Z「まじめにやったような気がする」(笑いながら)
私「ほんとうにそう思う？」

Z「やっぱり駄目だったかな」

Zの少年院体験

Zに少年院生活について尋ねた。

Z「教官は若いのが多かったが、結構いい奴らだった。俺らも若いときはやんちゃをやったと言っていた」

私「少年院は役に立ったと思う？」

Z「担当の教官が決まって何度か話すとわかってくる、どうすれば教官がいいと思ってくれるかが。早く進級したいから当然いいと思ってくれることをどんどんする。……最初一、二か月は本気でやろうとしたけど、一度要領を覚えると格好に気をつければいいだけと思ってしまう。……一級上になると、もう家に帰ったら何をしようかということばかり頭に浮かんで、少年院の生活どころでなくなった。それからは何も頭に入らなかった」

私「少年院に二度入ったよね」

Z「二度目は自分でも少年院しかないだろうと思っていた。いざ決定があると、あーあという気持ちで、一生懸命やろうという気にはならなかった。一度経験しているから怖さはなく、妙な自信さえあった。二度目は厳しい少年院だった。途中でこれはちょろちょろしておれないと思ったけど、やはり要領。担当教官が俺のことを信用してくれるようになったというのはすぐにわかる。そうなると教官にいいと思われることをすればいいので楽だった」

Zは相当に知的能力の高い少年である。一番最初に担当した家裁調査官も、少年鑑別所の知能検査も彼の潜在力を見ることができなかった。人を測る科学は未熟で、検査結果の不良が意欲の減退によるものなのか、資質の問題によるものなのかを見分けることは困難である。

Zの話に私は大きなショックを受けた。少年司法の専門家は、対象となる少年がここまで考えていることに気付いていない。少年院教育で救われる少年は大勢いるのであり、少年院教育から落ちこぼれたZの話などたわ言であるという人がいるかもしれない。だが私は、施錠した施設で行う強制教育に限界があることをZは雄弁に語っていると感じた。これは痛烈な少年院教育への批判である。

自由を奪われた者はとにかくそこから一分でも早く逃れる方法を考える。それは正常な心のはたらきである。彼が考えるのは逃れる方法であり、家裁調査官や少年院教官がそのためにこう考えてほしいと期待する方向ではないのである。少年院スタッフは少年との信頼関係を樹立するため努力を惜しまない。それは、彼らから「いい奴」というくらいの印象を持ってもらうことにはなるようだ。しかし、自由を奪われた者はその関係さえ逃れるための手段に用いてしまう。これは人間の性《さが》として仕方ないのだろう。

教官が少年と信頼関係を結ぶことができたと思ったとき、少年の心は離れてゆく。この指摘には空恐ろしいものを感じた。支配―被支配の関係にあるというのはそういうものなのであろうか。

検察官送致という選択

今回の事件の処分について、Zは「刑事処分でも特別少年院でもどちらでもいいです」と言った。選択肢として「特別少年院送致」か「検察官送致」のどちらかしかないことはほぼ確実である。Zの成熟度の高さを考え、私は「検察官送致決定相当」の意見を書いた。

裁判官は「地方裁判所で執行猶予判決が出ると思うが、Zは再犯してすぐに刑務所に行くだろう。最後の教育の機会として少年院を選択することはどうか」と私に質問した。家裁調査官として、裁判官から「教育の可能性がゼロか」と尋ねられることは辛いことである。ゼロなどということはあり得るはずがない。Ｚに相応しい教育方法を私たちが持たないだけかもしれないのだ。私は裁判官にそのように話した。

審判で、終始Ｚは淡々とした表情であった。母親は裁判官の質問に簡単にしか答えず、Ｚの更生をすっかりあきらめているとしか思えなかった。

結果は「検察官送致」であった。その日、Ｚは少年鑑別所から拘置所に移された。三か月後、地方裁判所で執行猶予付懲役刑の判決があった。

敗北を直視すること

Ｚのケースは少年司法の敗北である。

私は、Ｚを少年司法から刑事司法の領域に追いやったことを適正であったと強弁する気はない。むしろ悲しいことである。だが、解決する力もないのに少年司法がとりあえず抱え込んでおく方法は邪道だと思った。この考えには批判もあるだろう。

ケース紹介に成功例ばかりを並べ、少年司法はこんないいことをしている、こんな効果を上げているという話は多い。しかし、Ｚのような少年もいる。このことを少年司法の担い手は誰よりもよくわかっており、実際には、こじれ切った非行問題の解決の難しさを日々嫌というほど味わっているのだ。

私があえてこの敗北のケースをこの本の最後に紹介した理由は、少年司法に限界があることを明確にした上でなければその可能性は探れない、と思うからである。Ｚのケースは、自由を奪うことが教育の大きな妨げになることを教えている。そこを理解せずに少年司法を議論することはできないのである。自由の制限ということの重みを、家裁調査官は、あるいは保護観察官、少年院・少年鑑別所の教官・技官はよく理解する必要があるだろう。

一九九〇年代後半からの厳罰化の流れの中で「超長期」(二年以上の収容期間のこと)の処遇勧告を付けて少年院送致する決定が相当数見られるようになった。短期処遇より長期処遇を選択する傾向も強まり、年少少年の少年院送致も増えている。さらに、重大な事件を起こした触法少年に、児童自立支援施設送致決定に合わせて、長期間の強制的措置を許可する事例も出てきた。自由の制限に頼る姿勢は、児童福祉の領域をも侵食し始めたようである。

繰り返すが、教育を目的とする限り、自由の制限が大きな障害になることを認識しておかなければならない。例外として自由を制限して行う教育が成り立つ可能性はあるかもしれないが、そのためにはＺの問題提起を受けて立つだけの覚悟がいるであろう。

非行の科学の確立を目指して

私がここまでに明らかにしてきたように、児童福祉・少年司法・刑事司法は人が法律に抵触する行為をした場合に対応する領域としてつながっている。そして、児童福祉と少年司法は不良行為や非行への対処を通して、また資質や環境上のハンディーを有する少年の社会的養育を行うことで、責任を負うことのできる主権者を育てるという共同作業を行う。

児童福祉と少年司法の拠って立つところは科学でなければならない。残念ながら、現状は、その科学は心理学、教育学、社会学、社会福祉学、医学などの借り物であふれている。学際的な分野であるため借り物が多いことは仕方ないが、既成の理論の当てはめに四苦八苦するのでなく、実際の経験から解き明かしてゆく方法を確立したいものである。

家庭裁判所、保護観察所、少年院・少年鑑別所、そして児童福祉機関は、それぞれ現場での研究活動が活発であり、その積み重ねもある。しかし、各機関は、独自の言葉で独自の論理を組み立てる傾向が強い。ある機関の研究成果を別の機関の者が読むと、まるで外国のことが書かれた文献のように疎遠な印象を受ける。また、研究の基礎データである非行に関わる統計が機関ごとにばらばらであり、利用しにくい。

もっとも重要な研究課題は、一人の少年がそれぞれの機関を通過して非行を解決していくか、深化して累犯者になっていくかの追跡であろう。このような研究は各組織を横断して行われることが必要である。最近、関係機関の連携が強調され、連絡会やケース検討会はさかんに行われているが、その程度のことでセクショナリズムの壁を破ることはできず、毎回同じような結論に達する作業を繰り返しているだけのように感じられる。

家裁調査官、保護観察官、少年院・少年鑑別所の教官・技官、児童福祉司・児童福祉機関の心理職を共通して採用、養成し、人事異動を可能にするという方法が壁を破るためにもっともいい方法であると思うが、あまりに遠い道である。

少年非行の科学の共通基盤を作るためにいますぐできることは、やはり機関を横断する研究活動ではないだろうか。小さいながらも、いくつかの地域で非行問題研究会が存在していることにも注目したい。ただ、私はもう少し大掛かりな組織の創設を提案してみたい。各機関から数人ずつの研究員を派遣し、常設の「非行問題研究センター」を立ち上げることである。そのセンターは少年の社会記録の分析を中心業務としたい。社会記録は、少年の成人後家庭裁判所に戻り、一定期間保存されるが、ある時期になるとすべてが処分されている。前述したが、この資料は専門職の汗の結晶であり、おそらくそれ以上のものはないと明言できる非行研究の第一級資料である。社会記録を研究対象とすることで、飛躍的に非行の科学を進歩させることができるのではないだろうか。

公的機関のみがその情報を独占することはよくないかもしれない。公務にインパクトを与えるような民間の研究機関もぜひ存在してほしいのであり、その機関には社会記録を全面的に開示すべきであろう。

私の意見に対して、処分決定や処遇のために集めた社会記録を研究目的に流用するのは倫理的に大きな問題である、という反対があるものと思う。科学の進歩と個人情報の保護に関わる課題は、非行分野のみのものではない。他領域の知見を学びつつ、乗り越えていくことができると信じている。

それを前提として、最後に私は主張したい。

厳罰化、事実認定、被害者への配慮という改正少年法の三本柱は、将来の少年司法を考えるために有効な材料を提示し、今後の課題を明らかにした。しかし、改正法施行後、少年司法は決して豊かな議論を生み出すことができていないし、明るい展望を見出すこともできていない。

それはなぜだろうか。少年がなぜ非行を起こすのか、非行が少年の人生にとってどういう意味があるのかということが市民に向けて説明されていないからだと私は思う。少年司法への信頼を高める方法は、少年非行を多くの人が納得できるように解き明かすことであり、そのために非行の科学を一歩でも二歩でも進める努力によるしかないのである。

アメリカの少年裁判所は市民の運動によって作られた。日本の感化院も地方から湧き起こった設立運動によって誕生した。今こそ市民の力によって少年司法の新しい扉を開いてほしいと願いながら、筆を置くことにしたい。

あとがき

「家裁調査官をやめて、大学に来る気はないか」という声が掛かったのは、二〇〇二年一二月のことである。二〇〇四年四月から、三重県の鈴鹿医療科学大学に新設される医療福祉学科で、子どもと家庭の福祉、社会福祉の歴史、社会福祉援助技術などの教鞭をとってほしいというものであった。迷いながらも私は、就任時期をとりあえず一年間延期してもらい、二〇〇四年夏に最終決断をすることにした。

当時、神戸家庭裁判所の主任調査官として少年係ではたらく私は多忙を極めていた。月に受け取る二十数件のケースには深刻なものが多かった。なるべく少年の家や学校、少年院や児童自立支援施設に出向こう、面接だけに頼らず五感すべてで少年のことを理解するよう努めようとあがいた。神戸家庭裁判所の自慢である試験観察中の少年のキャンプ活動、子どもの非行に悩む親による「保護者の会」の活動にも積極的に身を投じた。

一方、私は、十五年ほど前から感化院に始まる児童自立支援施設の歴史に関心を持ち、日本社会福祉学会と社会事業史学会で研究発表を続けており、このライフワークを完成させたいという思いを強く抱いていた。

一九九〇年代後半から少年非行が世間の注目を集めるようになり、一九九九年に強くなった少年法改正の動きは止まることなく、二〇〇〇年に改正法が国会で成立した。神戸家庭裁判所に勤務した時期はまさにその渦中にあり、私は制度変更を身をもって体験したのであった。

日本の子どもに関わる法律の源である感化法の成立が一九〇〇年であり、その百年後の二〇〇〇年に少年法が改正されたという事実に不思議な暗合を感じた。一九〇〇年前後に何があったのかを調べるに際して、当時の実践家が残した記録は第一級資料である。二一〇〇年になって、二〇〇〇年前後の非行少年とその制度を研究しようとする人がいたとすると、何が材料になるであろうか。百年前と違って今はおびただしい数の報告書や出版物が溢れている。しかし、実務の第一線にあるものの心の奥底までを表現したものは少ないように思う。ほかならぬ私自身が、制度変更のあった二〇〇〇年の実践者ではないか。このように考えるといても立ってもいられなくなった。

二〇〇四年七月、私は裁判所をやめ、大学に行く決意を固めた。それと同時に二〇〇〇年改正前後に家裁調査官の現場で体験し、感じたことを本にすることをめざして準備を始めた。

私が調査を担当した少年のケースは四〇〇〇件を超える。苦い思い出のほうが、良かったというものより多い。ケースを出発点にし、ケースとの格闘を描くことで、少年司法の抱える問題を明らかにしてみよう。最初の意気込みは大きいものであったが、実際の作業は難航した。

私は自分の説明能力の低さに何度も失望した。そして何より、自分でも気付かないうちに「官」の鎧をしっかり身にまとい、「官」の用語で考える癖がついていた。家庭裁判所を離れてからもそれを脱ぐのは容易なことではなかったのである。岩波新書編集部の早坂ノゾミさんには原稿について一貫して一般読者の視点に立った助言をいただいた。思いを残したいという気持ちを最後まで維持し、ここまでの形にすることができたのは、ひとえに「助産師」早坂さんのおかげであり、心からお礼を申し上げたい。

また、山口幸男先生(日本福祉大学社会福祉学研究科教授、元家裁調査官)、守屋克彦先生(東北学院大学法科大学院教授、元裁判官)のお二人は、私の拙い原稿すべてに目を通し、貴重なご助言をくださった。五十歳を過ぎる私も、大先輩が原稿に付けてくださった「花丸」には涙するほどの感激を覚えた。

この出版がきっかけになり、市民レベルの少年司法をめぐる議論が少しでも活発になれば幸いである。

少年司法は子育てを考える延長上に議論されなければならないというのが私の持論であるが、私がその視点を大切だと思うのは、妻千幸とともに二人の子どもの思春期、青年期を乗り切ったためである。本文中でも触れたが、最後に、子育ての感動を与え続けてくれた私の家族に感謝の意を表したい。

二〇〇五年一二月

鈴鹿医療科学大学研究室にて　藤原正範

藤原正範

1954年 岡山県生まれ
1977年 岡山大学教育学部卒業
2005年 まで家庭裁判所調査官を務める．神戸家裁姫路支部主任調査官を最後に退職
2008年 日本福祉大学社会福祉学研究科修了，博士(社会福祉学)
現在—鈴鹿医療科学大学教授
専攻—司法福祉学
著書—『戦前感化・教護実践史』(共著，春風社)
『家裁調査官レポート』(共著，日本評論社)
『児童自立支援施設の可能性』(共著，ミネルヴァ書房)
『家族支援論』(共著，相川書房) ほか

少年事件に取り組む　　岩波新書(新赤版)995

2006年2月21日　第1刷発行
2020年7月6日　第7刷発行

著　者　藤原正範《ふじわらまさのり》

発行者　岡本　厚

発行所　株式会社 岩波書店
〒101-8002 東京都千代田区一ツ橋 2-5-5
案内 03-5210-4000　営業部 03-5210-4111
https://www.iwanami.co.jp/

新書編集部 03-5210-4054
https://www.iwanami.co.jp/sin/

印刷・精興社　カバー・半七印刷　製本・中永製本

ISBN 4-00-430995-6　　Printed in Japan

岩波新書新赤版一〇〇〇点に際して

ひとつの時代が終わったと言われて久しい。だが、その先にいかなる時代を展望するのか、私たちはその輪郭すら描きえていない。二〇世紀から持ち越した課題の多くは、未だ解決の緒を見つけることのできないままであり、二一世紀が新たに招きよせた問題も少なくない。グローバル資本主義の浸透、憎悪の連鎖、暴力の応酬――世界は混沌として深い不安の只中にある。

現代社会においては変化が常態となり、速さと新しさに絶対的な価値が与えられた。消費社会の深化と情報技術の革命は、種々の境界を無くし、人々の生活やコミュニケーションの様式を根底から変容させてきた。ライフスタイルは多様化し、一面では個人の生き方をそれぞれが選びとる時代が始まっている。同時に、新たな格差が生まれ、様々な次元での亀裂や分断が深まっている。社会や歴史に対する意識が揺らぎ、普遍的な理念に対する根本的な懐疑や、現実を変えることへの無力感がひそかに根を張りつつある。そして生きることに誰もが困難を覚える時代が到来している。

しかし、日常生活のそれぞれの場で、自由と民主主義を獲得し実践することを通じて、私たち自身がそうした閉塞を乗り超え、希望の時代の幕開けを告げてゆくことは不可能ではあるまい。そのために、いま求められていること――それは、個と個の間で開かれた対話を積み重ねながら、人間らしく生きることの条件について一人ひとりが粘り強く思考することではないか。その営みの糧となるものが、教養に外ならないと私たちは考える。歴史とは何か、よく生きるとはいかなることか、世界そして人間はどこへ向かうべきなのか――こうした根源的な問いとの格闘が、文化と知の厚みを作り出し、個人と社会を支える基盤としての教養となった。まさにそのような教養への道案内こそ、岩波新書が創刊以来、追求してきたことである。

岩波新書は、日中戦争下の一九三八年一一月に赤版として創刊された。創刊の辞は、道義の精神に則らない日本の行動を憂慮し、批判的精神と良心的行動の欠如を戒めつつ、現代人の現代的教養を刊行の目的とする、と謳っている。以後、青版、黄版、新赤版と装いを改めながら、合計二五〇〇点余りを世に問うてきた。そして、いままた新赤版が一〇〇〇点を迎えたのを機に、人間の理性と良心への信頼を再確認し、それに裏打ちされた文化を培っていく決意を込めて、新しい装丁のもとに再出発したいと思う。一冊一冊から吹き出す新風が一人でも多くの読者の許に届くこと、そして希望ある時代への想像力を豊かにかき立てることを切に願う。

（二〇〇六年四月）